Klaudia Wick

Ein Herz und eine Seele

HERDER spektrum
Band 5751

Das Buch

Es ist ein Familientreffen der besonderen Art: Die Hesselbachs, die Semmelings, die Drombuschs, die Beimers, die Brinkmanns, die Fussbroichs – und wir. Manche haben wir lange nicht gesehen, andere kommen jede Woche zu Besuch, aber alle sind sie uns ans Herz gewachsen. Klaudia Wick erinnert in diesem Buch an die bekanntesten Fernsehfamilien der vergangenen fünfzig Jahre und erzählt von ihren Hoffnungen, Ängsten und Wünschen, von ihren Erfolgen und ihrem Scheitern. Und sie blickt hinter die Kulissen, erzählt von den Schauspielern, den Machern und den Zeiten, in denen die Sendungen entstanden.
In ihrer wunderbar zu lesenden Geschichte der vergangenen fünfzig Jahre zeigt Klaudia Wick, wie wir wurden, was wir sahen. Und umgekehrt. »Klaudia Wicks Analysen sind nicht bloß klug, sondern auch ungewöhnlich unterhaltsam«. (Frankfurter Rundschau)

Die Autorin

Klaudia Wick, geb. 1964, lebt als Autorin und Journalistin in Berlin. Bis 1999 Chefredakteurin der »taz«, schreibt sie heute vor allem für die »Welt am Sonntag«, die »Berliner Zeitung« und »Theater heute«. Sie ist Vorsitzende der Jury des »Deutschen Fernsehpreises« und des »Fernsehfilm-Festivals Baden-Baden«. 1997 wurde sie für ihre Texte zum Fernsehen mit dem »Deutschen Preis für Medienpublizistik« ausgezeichnet. Bei Herder Spektrum: »Je später der Abend … Über Talkshows, Stars und uns« (Band 5584).

Klaudia Wick

Ein Herz und eine Seele

Wie das Fernsehen Familie spielt

HERDER

FREIBURG · BASEL · WIEN

Gedruckt auf umweltfreundlichem, chlorfrei gebleichtem Papier

Originalausgabe

www.herder.de
Satz: Susanne Lomer, Freiburg
Druck und Bindung: fgb · freiburger graphische betriebe
www.fgb.de
Umschlaggestaltung und Konzeption: R·M·E München /
Roland Eschlbeck, Liana Tuchel
Umschlagfotos von: dpa, Lindenstraße – www.lindenstraße.de,
PUBLIC ADDRESS, radio tele nord, Ullsteinbild
Autorenfoto: © www.dietlb.de
ISBN: 978-3-451-05751-9

Inhalt

Zusammen und doch allein

Die Generation, die sich noch daran erinnern kann, wie das Fernsehen in die Familie kam, ist dem gebärfähigen Alter inzwischen entwachsen. Ihre Kinder werden bald ein Gerät bei sich führen können, das nicht nur Telefon, Fotoapparat und Musikarchiv ist, sondern auch zum Empfang von Fernsehprogrammen benutzt werden kann. Als die US-Firma »Texas Instruments« 1954 das batteriebetriebene »Transistorradio« erfand, mit dessen Hilfe der Empfang von Radioprogrammen überall – im Auto, in der Küche, im Freien – möglich wurde, verlor der Hörfunk kurz darauf seine Funktion als Leitmedium. Im Wohnzimmer versammelte sich die Familie nun andächtig vor einem neuen Rundfunkgerät. Seit einem halben Jahrhundert prägt das Fernsehen maßgeblich unser Weltbild, unser Zeitgefühl, unsere Alltagskultur.

Mit dem »Zauberspiegel« starren zunächst alle gebannt nach draußen. Hatte man bisher das Haus verlassen müssen, um in der »Wochenschau« einen Blick auf die große, weite Welt werfen zu können, macht man es sich nun im Wohnzimmer gemütlich. Die Ereignisse finden jetzt daheim statt. Dass jeder nach eigenem Gusto das Ferne, Fremde, Andere risikolos anschauen kann, macht die Zuschauer mutig und neugierig auf die nach Hause gelieferte Welt: Ungeniert werden »Neger« bestaunt und italienische Nudelrezepte nachgekocht.

Aber neben der Weltschau schält sich schon bald eine zweite Funktion des neuen Mediums heraus: Es kann so herrlich Geschichten erzählen. Und wunderbarerweise sind es immer die eigenen! In den Figuren der beliebten Familienserien – dem kleinen Angestellten Schölermann, dem fleißigen Fabrikanten Hesselbach oder der »unverbesserlichen« Käthe Scholz – erkennt sich das Fernsehpublikum liebend gerne wieder. Der »Zauberspiegel Fernsehen« soll auch ein Spiegel des eigenen Daseins sein. So entsteht eine interessante Wechselwirkung: Einerseits beschwört das »Pantoffelkino« in seinen Unterhaltungsserien noch unbeirrt ein intaktes Familienglück, als die gesellschaftliche Erosion der Kleinfamilie schon unübersehbar geworden ist; andererseits hat das Fernsehen vielleicht mehr zur Auflösung der traditionellen Familienbande beigetragen als die Pille oder die Studentenrevolte.

Bereits 1956 stellt der Philosoph Günther Anders fest, dass mit dem Siegeszug des Fernsehens der Wohnzimmertisch als »Symptommöbel« der Familie ausgedient hat. Statt um den massiven Eichentisch versammelt sich die Familie nun nämlich allabendlich um den Fernsehapparat. So werde der Mittelpunkt der Familie durch einen gemeinsamen Fluchtpunkt ersetzt: »Die Möglichkeit, einander zu sehen, einander anzusehen, besteht nur noch aus Versehen; die, miteinander zu sprechen (wenn man das überhaupt noch will und kann), nur noch durch Zufall.«

»Wenn die Sonne hinter den Dächern versinkt«, wirbt der Gerätehersteller AEG-Telefunken 1965, »leuchten in den Wohnungen die Bildschirme auf. Der Feierabend beginnt, den jeder fernsehbegeisterte Mensch unserer Tage sich mit ›seinem‹ Programm gestalten kann.« Je mehr Programm der Apparat abstrahlt, desto tiefer dringt das Medium in den Alltag der Zuschauer ein: Als Erstes verwaist die Küche, bis vor kurzem noch soziales Wärmezentrum der Wohnung. Wer im Fernsehen nichts verpassen will – und wer will das schon? –, nimmt das Abendbrot mit vor den Apparat. Dass die Zuschauer nebenher allerlei geräuschlose Alltagsverrichtungen erledigen – man isst oder strickt, liest Zeitung oder döst –, gefällt den Programmmachern so wenig wie den Soziologen. Als 1963 das ZDF seinen Sendebetrieb aufnimmt, spaltet sich das Familienpublikum zum ersten Mal in zwei unversöhnliche Lager: Vati will »Sportschau« gucken, die Tochter »Daktari« sehen. Hatte das Fernsehen bisher zu einer familienfreundlichen »Verhäuslichung der Gesellschaft« beigetragen, beginnt mit dem Zweitgerät im Kinderzimmer nun peu à peu die Segmentierung der heimischen Sehgemeinschaft; als Ende der achtziger Jahre die »Privaten« auf Sendung gehen, ist das Zweit- und Drittgerät vielerorts schon eine Selbstverständlichkeit.

Im modernen »Zielgruppen«-Fernsehen von heute hat das alte »Sofa-Fernsehen«, das alle Generationen vereint, endgültig ausgedient. Jetzt sitzt jeder vor seinem eigenen »Fenster zur Welt« und zappt sich allein durch eine komplexe und ausdifferenzierte Gesellschaft. Die hat zunehmend Probleme mit dem Nachwuchs: Es werden zu wenige Kinder geboren, und deren Erziehung ist für die mit dem Fernsehen aufgewachsenen 70er-Jahrgänge ganz selbstverständlich ein Fall fürs Fernsehen. Die Ratgebersendungen des Privatfernsehens wie »Frauentausch« oder »We are Family – So lebt Deutschland« führen der GZSZ-Generation täglich vor, wie Familienleben aussehen könnte. Wo die Probleme überhandnehmen, hilft die »Super Nanny« von RTL: Oft genug kauft sie als Erstes einen Küchentisch. Wenn die Diplompsychologin Katharina Saalfrank überforderten Eltern freilich klarmacht, dass auch deren ungezügelter Fernsehkonsum Mitschuld an der häuslichen Misere hat, schneidet RTL diese Selbstkritik regelmäßig aus der TV-Lebensberatung heraus. Auch in den klassischen Familienserien wird bis heute aus Prinzip nicht in die Röhre geguckt: Das Leben der »Beimers« und der »Hesselbachs«, der »Drombuschs« und der »Brinkmanns« findet zwar im Fernsehen, dort aber selbstverständlich am Küchentisch statt.

1. Ausgedachtes Leben

Menschen wie wir alle – »Unsere Nachbarn heute Abend – Die Schölermanns«

Die ganze Geschichte fängt mit einer Lüge an. Die erste Serienfamilie des deutschen Fernsehens ist nämlich gar keine. Aber das darf zunächst niemand wissen. Als der NWDR am 15. September 1954 mit der Folge »Die Schölermanns versammeln sich« den Prokuristen Mathias Schölermann, seine Frau Trude sowie die drei Kinder Heinz, Eva und Joachim vorstellt, weist kein Abspann auf die Rollen und ihre Darsteller hin. Das ist mitnichten eine technische Panne, wie sie in diesen frühen Jahren des Programmbetriebs regelmäßig vorkommt. Nein, diesmal handeln die Verantwortlichen mit voller Absicht. Sie wollen die Fernsehzuschauer glauben machen, bei den Figuren der Serie, die programmgemäß »Unsere Nachbarn heute Abend« heißt, handele es sich um eine »echte« Familie, die ihren Feierabend zwar verlässlich jeden Donnerstagabend vor den Fernsehkameras lebt, den Rest der Woche aber irgendwo in Deutschland ihren gewöhnlichen Alltagsverrichtungen nachgeht.

Im Vergleich zu der umfassenden Marketingkampagne, mit der die niederländische Produktionsfirma Endemol fünfzig Jahre später im Auftrag des Fernsehsenders RTL II die Realityshow »Big Brother« ankündigen wird, wirkt die »Als ob«-Inszenierung der »Schölermanns« noch sehr schlicht. Die Produzenten von »Big Brother« werden ihrem seherfahrenen Publikum allerlei technische Beweise liefern müssen, um die »Echtheit« ihrer »Rund um die Uhr«-Beobachtung glaubhaft zu machen: Fernsehreporter und Printjournalisten begehen im Vorfeld der Premiere das »Big Brother«-Haus auf dem Studiogelände bei Köln, begutachten die einseitig verspiegelten Kreuzgänge für die Kameras, zählen die Infrarotkameras, bestaunen den Regieraum, in dem die Bildmischer in Tag- und Nachtschichten pausenlos die »echten« Bilder der »echten« Bewohner einfangen werden. Diese detailreichen »Making of«-Informationen sollen belegen, dass – und wie – die »Truman Show« tatsächlich Wirklichkeit werden kann.

Ein solcher Echtheitsbeweis ist für das »Big Brother«-Publikum des Jahres 1999 durchaus wichtig, denn die anvisierte junge Zielgruppe ist über die technischen Möglichkeiten des Fernsehens – und ihre Grenzen! – bestens informiert. Im Fernsehdeutschland des Jahres 1954 ist das noch anders. Das Medium hat erst zwei Jahre zuvor seinen regulären Sendebetrieb aufgenommen. Für die Zuschauer ist buchstäblich alles, was der »Fernsehempfänger« ihnen anbietet, eine neue Seherfahrung, die sich nicht so ohne weiteres mit Bekanntem vergleichen lässt: Das Fernsehen ist – ähnlich wie das Radio – ein elektronisches Verbundmedium, das in einem unkalkulierbaren Rhythmus abwechselnd Information und Unterhaltung, »echtes« und »ausgedachtes« Leben, Spaß und Ernst, Klamauk und Erbauung zeigt. In seiner Bildmontage lehnt es sich zwar an das Kino an, in seinen vielen Live-Inszenierungen zeitgenössischer und klassischer Dramen, bei denen die Darsteller auf einer Studiobühne mit der Intensität einer Bühnenpremiere aufspielen, erinnert das Fernsehen aber auch an das Theater. Das Programm wirft eine verwirrende Frage auf: Zeigt diese kleine »Flimmerkiste«, die heute mit Johann Wolfgang von Goethe und seinem »Vorspiel auf dem Theater«, morgen mit dem Fernsehkoch Clemens Wilmenrod und seinem Toast Hawaii und bald darauf mit dem Zoodirektor Bernhard Grzimek und seinem zahmen Geparden aufwarten kann, nun ein Abbild der Phantasie oder der Wirklichkeit?

Und so geht das Kalkül auf. Zwar lässt sich die Illusion, bei »Unsere Nachbarn heute Abend« fielen Rolle und Darsteller in eins, nicht lange aufrechterhalten. Aber immerhin ist doch in den Köpfen des Publikums die Vorstellung einer medialen Authentizität eingepflanzt – und sie wird sich in den nächsten sechs Jahren, die die »Schölermanns« auf Sendung sind, von Woche zu Woche fester verwurzeln: »Die Erlebnisse der Fernseh-Familie Schölermann verfolgen wir stets mit großem Interesse«, schreibt 1956 der Leser A. B. aus Hamburg an die Fernsehzeitschrift »HörZu«. »Zugegeben, dass die eine oder andere Sendung schwach ist; aber grundsätzlich muss man doch sagen: Die Familienmitglieder sind wirklich gut ausgewählt, es sind Menschen wie wir alle«. Und ein Jahr später schreibt J. S. aus Möhlhorst bei Eckernförde: »Weshalb geht es eigentlich bei ›unseren Nachbarn‹ in letzter Zeit immer so unfroh zu? Schölermanns machen einen ausgesprochen unzufriedenen, nervösen Eindruck. Hoffentlich erlebt die Familie während der nächsten Sendungen auch einmal was Gutes!«

Der Sender unterstützt den Authentizitätseindruck mit Programmankündigungen wie dieser: »Ja, die Schölermanns sind eine Art Musterfamilie, keine ›Leinwandhelden‹, sondern eine Familie, die von einem mittleren Angestellten-Gehalt leben muss, die sich keine großen Sprünge erlauben kann, die es aber versteht, ihre Wünsche und ihr Leben den Gegebenheiten anzupassen.« Zudem nährt man den Eindruck einer beziehungsreichen »Nachbarschaft« mit kleinen Anekdoten aus der Zuschauerredaktion, die von der Programmpresse erwartungsgemäß dankbar aufgegriffen werden. So wird zum Beispiel kolportiert, nach der Ausstrahlung einer Folge, in der sich Frau Schölermann eine neue Nähmaschine anschafft, hätten Hunderte Hausfrauen beim NWDR angerufen und um das ausrangierte Modell gebeten. Aber der Sender geht noch einen entscheidenden Schritt weiter, um die virtuelle Nachbarschaft echt erscheinen zu lassen:

Die fiktionale Inszenierung verlässt den Rahmen der eigentlichen Sendung: Als in einer Folge erzählt wird, Tochter Eva habe ein teures Kleid in der U-Bahn liegen lassen, erlaubt sich die Programmansagerin vor Sendeschluss die Bemerkung, ein ehrlicher Finder habe sich zwischenzeitlich »telefonisch« bei den Schölermanns gemeldet.

So haben die wenigen glücklichen Besitzer eines Fernsehempfängers bald eine feste wöchentliche Verabredung mit ihren neuen Nachbarn, den Schölermanns. Jeden Donnerstag nach der »Tagesschau« kann man ungestraft einen neugierigen Blick in die Wohnstube der Musterfamilie werfen. Bis auf wenige Ausnahmen fällt die Erzählzeit der Serie exakt mit der Ausstrahlungszeit zusammen, was den »Echtheitseindruck« natürlich unterstützt, auch wenn sich die Schölermanns – ganz im Gegensatz zu den Tetzlaffs, einer beliebten WDR-Fernsehfamilie der späten siebziger Jahre – in ihren Abendunterhaltungen von jeglicher aktuellen gesellschaftspolitischen Debatte tunlichst fernhalten. Denn anders als in der gesellschaftskritischen Satirereihe »Ein Herz und eine Seele« hat die Live-Ausstrahlung der »Schölermanns« keinen dramaturgischen, sondern einen rein technischen Hintergrund: Bislang hat das junge Medium noch keine Möglichkeit gefunden, das Sendesignal zu speichern. Ob Programmansage, Weltnachrichten oder Fernsehspiel – was immer die elektronischen Fernsehkameras im Studio aufzeichnen, wird direkt in den Regieraum übertragen. Dort müssen die diversen Kamerabilder nach den ästhetischen Regeln des Filmschnitts sofort »gemischt« und gesendet werden. Zwar arbeitet der amerikanische Tonbandhersteller »Ampex« mit Hochdruck an der Möglichkeit, Fernsehprogramme wenigstens für den kurzen Zeitraum der Zeitverschiebung zwischen Ost- und Westküste konservieren zu können, aber eine serienreife »Magnetband-Bildaufzeichnungsanlage« (MAZ) steht den US-Networks erst Mitte der fünfziger Jahre zur Verfügung. Im Frühjahr 1959 wird dann auch der SWF zum ersten Mal eine auf die deutsche Fernsehnorm umgerüstete MAZ des Typs »Ampex« einsetzen.

Bis dahin gibt es nur die Herstellungsweise auf Zelluloid oder das recht teure und umständliche Verfahren der »Filmaufzeichnung« (FAZ): Will man eine Fernsehsendung dauerhaft erhalten, um sie zum Beispiel zu wiederholen, muss sie während der Ausstrahlung vom Fernsehbildschirm abgefilmt werden. Diese Filmaufzeichnungen sind aus Kostengründen den »wichtigen«, meist künstlerischen Produktionen vorbehalten, weswegen auch von den »Schölermanns« nur noch jene wenigen, auf Filmmaterial gedrehten Episoden erhalten sind, in denen die Musterfamilie ausnahmsweise die (Studio-)Wohnung verlässt und in die Sommerferien aufbricht. Die Zuschauer bemerken den Unterschied zwischen Live-Produktion und Filmaufzeichnung in der Regel nicht. Dass die »Schölermanns« nur sehr selten Ausgang haben, wundert noch niemanden.

Dank des Fernsehens finden die Ereignisse nun ohnehin zu Hause statt. Das Programm, so erklärt der erste NWDR-Fernsehdirektor Adolf Grimme seinen Mitarbeitern zu Beginn des Sendebetriebs, habe schon deshalb besonders »wahrhaftig und ansprechend, packend und gehaltvoll« zu sein, weil das Fernsehen den Zuschauer »in seiner Häuslichkeit treffen« werde. Statt mit der »Wochenschau« im Kino einen Blick auf die große, weite Welt zu werfen, macht man es sich nun im Wohnzimmer gemütlich – aber noch obsiegt der Respekt vor dem Fremden: Die Füße bleiben am Boden! – und sieht den Reportern zu, wie sie nach Amerika fliegen oder in die Serengeti, begutachtet Pariser Modeschauen oder modernes Theater aus der Neuen Welt. Gelegentlich, wenn ein internationaler Star den Weg nach Hamburg findet, lädt ihn der junge NWDR-Reporter Jürgen Roland im Rahmen seiner Sendereihe »Was ist los in Hamburg?« zu einem Gespräch ins winzige Studio ein. Auch die ehemalige Ufa-Schauspielerin Margot Hielscher plaudert regelmäßig mit Schauspiel- und Sangeskollegen über Berufliches und Privates in ihrer TV-Reihe »Bei Margot Hielscher zu Gast«. An anderer Stelle im Programm schildern Prominente anlässlich solcher Studio-Auftritte ihre persönlichen Reiseerlebnisse: Ernst Schnabel, Autor der »Gruppe 47«, erzählt zum Beispiel von seinem »Weltflug« und illustriert seine Schilderungen anhand 80 mitgebrachter Fotos. »Suggeriert wurde den Zuschauern so eine Art Besuch bei ihnen zuhause, als sei Schnabel zu ihnen persönlich in die Wohnstube gekommen, um seine Reiseerlebnisse zu erzählen«, beschreibt der Fernsehhistoriker Knut Hickethier die Wirkung dieser Inszenierung: »Der Tisch im Studio geriet auf diese Weise zu einer Verlängerung des Wohnzimmertisches des Zuschauers. Intimität, Privatheit wurde als Aura inszeniert, obwohl es sich um eine öffentliche Darbietung handelte.« Die Faszination des neuen Mediums beruht vor allem auf dieser Spannung zwischen Weitläufigkeit der Programmatik und Innerlichkeit der Rezeption.

Der Geist, in dem das deutsche Fernsehen nach Kriegsende wiederaufgebaut wird, kommt aus England. Die britischen Besatzer haben den deutschen Rundfunk nach dem Vorbild ihrer BBC, also als »vierte Gewalt« verfasst. »Unabhängig von Parteien und Staat« soll er sein und frei von »kommerziellen Notwendigkeiten«. Die sich in Hamburg versammelnden deutschen Fernsehspezialisten kennen sich freilich zumeist schon aus der Nazizeit. Ihre ersten Versuchsprogramme funken sie 1950 aus einem Bunker bei Hamburg. Die Bestimmung des Fernsehens, versichert Fernsehdirektor Grimme, liege darin, dass »der Mensch auf dem Umweg über das Sehen der Ferne wieder zu sich selbst kommt«. Zunächst ist aber von innerer Einkehr noch nicht viel zu spüren. Alle starren einfach nur gebannt nach draußen.

Als Erste geraten die europäischen Nachbarn ins Blickfeld. Während die Politiker noch das Für und Wider der europäischen Wirtschaftsgemeinschaft debattieren, ist Europas Fernsehgemeinschaft bereits initiiert. Der europäische Verbund »Eurovision« ist praktische Westintegration: Man fiebert bei der Fußball-WM in Bern mit und spielt mit Kuli »EWG«. Am 2. Juni 1953 überträgt das Fernsehen elf Stunden lang live die Krönung von Queen Elizabeth II. Wie der »Spiegel« berichtet, bildet sich eine westeuropäische Fernsehnation: »Zum ersten Mal in der Geschichte sahen Millionen Menschen in ihrer guten Stube den mittelalterlichen Pomp und Prunk einer Krönung. In Bonn saßen Bundeskanzler Adenauer und die Kabinettsmitglieder vor dem Fernsehgerät. Weitere hunderttausend Deutsche verfolgten den Ablauf der Zeremonie an Heimgeräten, an Projektionstruhen in Gaststätten, Radiogeschäften, Warenhäusern und im Düsseldorfer Apollo-Theater (Eintrittskarten von 3 bis 10 Mark). Was sie sahen, war abwechselnd so faszinierend und so ermüdend wie die Wirklichkeit selbst.«

Für die deutschen Fernsehzuschauer haben die Ereignisse von London freilich eher den Charakter eines Märchens aus Tausendundeiner Nacht. Mit ihrer eigenen, bescheidenen Nachkriegswirklichkeit hat das Gezeigte nicht viel zu tun. Das erste Jahrzehnt nach dem Krieg hat mit 2,5 Millionen Arbeitslosen begonnen. Noch hat das Wirtschaftswunder nicht stattgefunden, 8 der insgesamt 51 Millionen Westdeutschen sind Flüchtlinge. Erst 1953 erreicht das Sozialprodukt der Bundesrepublik das Niveau von 1938. Weitere drei Jahre später wird erstmals die Zahl der offenen Stellen die der gemeldeten Arbeitslosen übersteigen.

Nur wenige Wohlhabende können sich Anfang der fünfziger Jahre überhaupt einen eigenen Fernsehempfänger leisten: 1953 kostet ein einfacher Apparat immerhin zwischen 950 und 2200 Mark, so genannte »Luxustruhen« mit Fernseher,

Radio, Plattenspieler und Hausbar sogar bis zu 4000 Mark. Über 80 Prozent der Bevölkerung verdient aber nicht mehr als 400 Mark im Monat. So setzt sich das Fernsehpublikum in diesen Gründerjahren zu annähernd gleichen Teilen aus Gastwirten, Rundfunkhändlern (beide Berufsgruppen sind professionell am neuen Medium interessiert) und Selbstständigen (Ärzten, Handwerksmeistern und Kleinhändlern) zusammen. Angestellte, Beamte und Landwirte sind noch in der Minderzahl. Weil die Anschaffung technischer Geräte traditionell dem Familienoberhaupt obliegt, wird in vielen städtischen Haushalten der erste Fernsehapparat noch vor der ersten Waschmaschine angeschafft. Die Geräteindustrie stützt die Nachfrage mit einem besonderen »Werbefeldzug«: Der einmillionste angemeldete Zuschauer kann fünf Jahre lang umsonst fernsehen. Der glückliche Gewinner wird eigens in der »Tagesschau« vermeldet.

Auf dem Land setzt sich das neue Medium deutlich langsamer durch. Das hat weniger soziologische als praktische Gründe: Das Fernsehen sendet bisher nur zwei Stunden am Abend; wer als Landwirt den ganzen Sommer über bis zum Sonnenuntergang auf dem Feld arbeiten muss, hat also kaum Chancen, das Programm überhaupt regelmäßig zu sehen. Aber auch der Prokurist Schölermann lebt mit seiner (Fernseh-)Familie einen fernsehfreien Familienalltag. Das wird auch bis zum Ende der Serie 1960 so bleiben – und darüber hinaus! Obwohl der besondere Reiz des Genres »Familienserie« für die Zuschauer bis in die siebziger Jahre hinein vor allem darin besteht, den eigenen sozialen Alltag in der »sekundären Erfahrungswelt« des Fernsehens wiederzuerkennen, schalten die fiktiven Helden der Familienserien nie – und wenn doch, dann nur für kurze Zeit – den Fernseher ein.

Aber nicht nur in ihrem zurückhaltenden Mediengebrauch unterscheiden sich die Fernsehfamilien von ihrem Publikum. Die ganze Konstruktion der kleinbürgerlichen »Musterfamilie« ist natürlich von Anfang an Fiktion. Im ersten Sendejahr der »Schölermanns« sind intakte Familienverbände nicht unbedingt die gesellschaftliche Regel: Im Jahr 9 nach Kriegsende leben in der Bundesrepublik knapp drei Millionen mehr Frauen als Männer, vor allem die Geburtsjahrgänge zwischen 1900 und 1925, also die nun 28- bis 53-Jährigen, sind davon erheblich betroffen. Kriegsblinde und Heimkehrer, denen ein Arm oder ein Bein fehlt, gehören in diesen Nachkriegsjahren zum alltäglichen Straßenbild. Die Scheidungsraten sind immer noch hoch; der lang ersehnten Rückkehr der Kriegsgefangenen war nicht selten eine schwere Ehekrise gefolgt. Es ist also beileibe keine Selbstverständlichkeit, dass Trude Schölermann ihre Kinder gemeinsam mit dem unversehrten Ehemann Mathias großziehen kann. Zudem ist das eheliche Zusammenleben auch für jene, die der Krieg nicht getrennt hat, alles andere als leicht. Viele Frauen haben durch die Kriegsjahre ein hartes Training im Alleinsein und Alleinhandeln hinter sich. Oft genug haben sie mit ihren Kindern die Bombennächte, die Evakuierungen, den Verlust von Heimat oder Besitz – oder von beidem – ohne männlichen Beistand durchlebt. In den Nachkriegsjahren haben diese »Trümmerfrauen« sich zudem aktiv am Wiederaufbau beteiligt. Die restaurative Familienpolitik der Adenauer-Regierung setzt nun aber alles daran, die Emanzipation der Frauen zugunsten einer klassischen Rollenaufteilung rückgängig zu machen: 1953 wird das »Ministerium für Familienfragen« gegründet, der Kanzler begründet das neue Ressort vor allem bevölkerungspolitisch mit der »wachsenden Überalterung des deutschen Volkes«. Sein erster Bundesminister, Franz-Josef Wuermeling, fördert die Familie fortan im Namen der Bundesrepublik – nicht zuletzt wegen ihrer staatserhaltenden und -sichernden Funktion: »Millionen innerlich gesunder Familien mit rechtschaffen erzogenen Kindern sind als Sicherung gegen die drohende

Gefahr der kinderreichen Völker des Ostens mindestens so wichtig wie alle militärische Sicherung«, findet der katholisch geprägte Minister und befürwortet deshalb eine Verschärfung des Scheidungsgesetzes, jegliche Behinderung der Geburtenkontrolle und fordert ein Gesetz mit dem Zweck, die Berufstätigkeit von Ehefrauen von Staats wegen einzuschränken. Erst das Gleichberechtigungsgesetz von 1958 tilgt patriarchale Regelungen wie das so genannte »Letztentscheidungsrecht des Ehemanns in allen Eheangelegenheiten« und den väterlichen »Stichentscheid« – Teile einer »natürlichen Eheordnung«, die die Väter des Grundgesetzes noch für gesellschaftlich geboten gehalten hatten. Nach der Reform des Eherechts darf Mathias Schölermann nun auch nicht mehr das »Dienstverhältnis seiner Ehefrau fristlos kündigen«. Er könnte seiner Trude aber noch bis in die siebziger Jahre hinein gerichtlich verbieten, einer selbst gewählten Erwerbstätigkeit nachzugehen, wenn sie seiner Meinung nach deshalb den Haushalt vernachlässige. Aber das würde der »Nur-Hausfrau« Trude Schölermann ja auch gar nicht einfallen; ihr ganzes Streben ist auf das Wohl ihrer Familie gerichtet, wie der Film- und Kulturkritiker Georg Seeßlen beschreibt: »Die Mutter würde nie auf die Idee kommen, über ihren Haushalt hinaus auf die Welt zu sehen, sie hält nicht nur die Familie zusammen, sie bewahrt, wenn es sein muss, ausgesprochen resolut, einen magischen Innenraum, in den Verletzung und Veränderung nicht eindringen kann. Jeden Kommentar zur Politik und zur Kultur überlässt ›Trudchen‹ ihrem Mann, und jede Krise wird durch die Wiederherstellung der familiären Hierarchie überwunden.«

Zwölf Autoren schreiben im Auftrag des NWDR an der Familiengeschichte der Schölermanns. Folge für Folge werden alltägliche private Krisen inszeniert, die meist durch ein Familienmitglied ausgelöst und durch ein anderes aufgelöst werden: So möchte Tochter Evchen zum Entsetzen des Familienpatriarchen Schauspielerin werden. Der älteste Sohn Heinz – der 25-Jährige absolviert gerade eine Lehre als Automechaniker – hat sich in eine ältere Frau verliebt. Die Verlobung wird aber wieder gelöst, denn auch hier gilt: Solange die Kinder ihre »Füße unter meinen Tisch strecken«, entscheidet selbstverständlich Vater Mathias, was zu tun und zu lassen ist. Derlei kleine adoleszente Revolten bleiben jedoch die Ausnahme. Meist stehen die koboldhaften Streiche des Jüngsten, Jockeli, im Zentrum der Handlung, von ernsthaften Sorgen wird die Musterfamilie Schölermann ohnehin nicht geplagt.

Die Welt der Arbeit findet über Jahre hinweg nur durch das Telefon Eingang in den beschaulichen Familienkosmos. Für den braven Prokuristen Schölermann ist es ganz selbstverständlich, auch während seines Urlaubs für »die Firma« telefonisch erreichbar zu sein. Sein Fleiß wird belohnt: Für alle Zuschauer gut sichtbar vollziehen die Schölermanns den wachsenden Wohlstand des bundesrepublikanischen Mittelstandes nach. Während sie den Sommer 1955 noch im Schrebergarten verbringen müssen, geht es im Jahr darauf immerhin schon an die Ostsee, wo die Familie bei Fischern logiert und sich selbst verpflegt. 1957 darf sich Mathias Schölermann bereits den Mercedes seines Chefs ausborgen, mit einem geliehenen Wohnwagen heißt das Ziel nun Nordsee. Wiederum ein Jahr später hat ihm die Firma »als Anerkennung für seine Tüchtigkeit« einen Geschäftswagen zur Verfügung gestellt. In ihrer ideologiekritischen Inhaltsanalyse von 1979 weist die Soziologin Christa Wichterich darauf hin, dass in der Serie die Aufbauphase der Bundesrepublik gezeigt wird, ohne den gesellschaftlichen Prozess selbst je zu thematisieren. »Damit ignoriert die Serie alle soziale Ungleichheit und materielle Not in dieser Zeit und verweist gleichzeitig mit der Präsentation einer letztlich menschlichen Idylle auf die Bescheidung im privaten Glück. In diesem sind die Schölermanns vollständig auf sich selbst bezogen: Sie erscheinen als lebenstüchtige autonome Gruppe, die abgekapselt gegen die gesellschaftliche Öffentlichkeit und immun gegen gesellschaftsstrukturelle Probleme ist.« Oder wie es Mathias Schölermann etwas schlichter als sein Lebensmotto formuliert:

Das Menschenherz, die Erde schwankt
Die Seele, die Gesellschaft krankt
Nur eins steht fest im Sturm und Graus:
Die Familie – das Zuhaus!

Die gesellschaftliche Abgeschiedenheit der Schölermanns wird in »Unsere Nachbarn heute Abend« konsequent als »familiäre Geborgenheit« dargestellt. Damit greifen die Autoren der Serie, die ursprünglich auf eine Idee des damaligen NWDR-Intendanten Werner Pleister zurückgeht, das restaurative Familienideal ihrer Zeit auf. Nach Kriegsende war die Familie fast als einzige Institution intakt geblieben, Regierung und Verwaltung waren außer Kraft gesetzt, die Betriebe zum großen Teil zerstört. Nach ihrer totalitären Indienstnahme durch die Nationalsozialisten, nach staatlicher Eugenik und selektiver rassistischer Geburtenförderung in den zwölf Jahren des »Dritten Reichs«, wird der Familie im Nachkriegsdeutschland nun wieder eine deutlich autonomere Rolle zuerkannt: »Im umfriedeten Raum der Familie wird der Mensch eigentlich geformt«, erklärt Familienminister Wuermeling 1953 zur Rolle der Familie als »erste Ordnungszelle und Grundlage der Gesellschaft«.

Die Modellhaftigkeit, mit der das öffentlich-rechtliche Fernsehen 1954 die Musterfamilie Schölermann als staatstragendes, »intaktes selbständiges soziales System« (Wichterich) entwirft, muss freilich irgendwann an seine dramaturgischen Grenzen stoßen. Zumal sich die Fernsehverantwortlichen noch in einer besonderen Verantwortung gegenüber ihren

Zuschauern wähnen, wie ein internes NWDR-Papier aus dem selben Jahr zeigt: »Es müssen Regeln der Sitte, des Anstandes und der Moral besonders beachtet werden, so dass alles Peinliche auf dem Bildschirm vermieden wird. Daher verbietet sich der Gestaltungsstoff jeder Sparte im Fernsehen eindeutig 1) das Unmoralische – gleichgültig, ob es tatsächlich unmoralisch ist oder vom Publikum nur so empfunden werden könnte, 2) alles, was moralischen oder physischen Abscheu und Ekel erregen kann, 3) alles, was durch Schock- oder andere seelische Wirkung eine Gefährdung für den Zuschauer bilden könnte.«

Da existentielle Familienkonflikte wie Ehebruch oder Scheidung, die ja heutzutage in jeder Fernsehserie endlos variiert werden, angesichts der herrschenden Moralvorstellung noch tabu sind, bleibt den Serienautoren nicht viel Spielraum. Sie können nur immer wieder aufs Neue »im geregelten Vollzug des familialen Lebens« (Wichterich) kleine alltägliche Pannen inszenieren, die dann von den Schölermanns mit immer gleichem »frischem Mut, nimmermüder Fröhlichkeit und frei von aller Zwanghaftigkeit« behoben werden.

Wie sich im Laufe der Jahre zeigt, ist nicht die Enge des Fernsehstudios, das den Spielraum der Schölermanns auf ihr Wohnzimmer begrenzt, das eigentliche Problem der Langlaufserie, sondern die ideologische Enge des dramaturgischen Entwurfs. Nach vier Jahren und mehr als siebzig Folgen zwingt die schwindende Qualität der Drehbücher den Sender zu einer längeren Kreativpause. Aus den »großen Ferien« kehren die Schölermanns verändert zurück. Sie haben jetzt den virtuellen Schutzraum der glücklichen Musterfamilie eingebüßt, größere gesellschaftliche Schicksalsschläge dringen nun doch zu ihnen vor: Vater Mathias wird arbeitslos. Aber die Strategie, die dramaturgische Implosion der Serie dadurch zu verhindern, dass Trude Schölermann aus ihrem trauten Heim vorübergehend eine Pension machen muss – so dass also neues, wechselndes Personal in die Serie eingeführt werden kann –, verhilft der Serie nicht mehr zu neuen Meriten. Wie sich an der Zuschauerpost ablesen lässt, verlangt das Stammpublikum ostentativ die Rückkehr zum ungebrochenen Familienglück; Vater Mathias gliedert sich daraufhin als erfolgreicher Waschmaschinenvertreter wieder ins Wirtschaftswunder ein. 1960 äußert schließlich die Hauptdarstellerin Lotte Rausch den Wunsch, endgültig aus der Serie auszuscheiden. Die Programmverantwortlichen diskutieren kurzzeitig einen spektakulären Skiunfall, schrecken dann aber doch angesichts des selbst geschaffenen Reality-Eindrucks vor der Inszenierung eines solchen fiktiven Todesfalls zurück. Man befürchtet, das Publikum auf der Straße werde nicht zwischen Lotte Rausch und ihrer Rolle unterscheiden können. Und lässt deshalb am 25. März 1960 nicht nur die Figur, sondern gleich die ganze Serie sterben.

2. Formierte Gesellschaften

Tüchtig, strebsam, unpolitisch – Die ARD-Familienidyllen »Firma Hesselbach« (1960), »Alle meine Tiere« (1962) und »Der Forellenhof« (1965)

Die Familienserie, die den »Schölermanns« nachfolgt, darf keine sein. In der Programmdirektion des Hessischen Rundfunks befürchtet man Verwechslungen mit den eben erst eingestellten »Nachbarn heute Abend«. So wird aus der »Familie Hesselbach« 1960 zunächst eine GmbH. Die »Firma Hesselbach«, laut Untertitel eine »kleine Verlagsdruckerei irgendwo im Hessischen«, präsentiert sich schon im Vorspann als vielköpfiges prosperierendes Unternehmen der »Wirtschaftswunder«-Ära: Geschäftig dröhnend dreht sich die Rotationsmaschine, in der gerade die »Weltschau am Sonntag« vom Band geht. Sogleich nimmt die Kamera Fahrt auf, schwenkt kurz die Bleisatzerfassung ab, wo drei Schriftsetzer in die Tasten hauen, dann geht es weiter in den Vertrieb zum »Betriebs-Beau« Lindner, der schon wieder mit den Sekretärinnen flirtet, hinüber in die Buchhaltung, wo der Lehrling gerade die Post austrägt, über den Firmenflur, vorbei an der Putzfrau, die mit dem Hausmeister ihr morgendliches Schwätzchen hält, hinüber zum eigentlichen Ort des Geschehens: dem Direktionssekretariat.

Noch bevor Firmenpatriarch Hesselbach überhaupt die Bildfläche betreten hat, wurden dem Fernsehpublikum bereits 17 Arbeiter und Angestellte gezeigt. Sein kleines Imperium betritt der Chef über eine verwinkelte Hintertreppe, die die Firmenräume mit der Familienwohnung verbindet. Wie sich schon in der ersten Folge herausstellt, ist dem »Babba«, wie ihn seine Ehefrau ungeniert auch vor den Angestellten nennt, diese Verbindungstür zwischen Beruflichem und Privatem gar nicht recht. Allzu gerne würde er das von der Mama so geschätzte »goldige kleine Treppchen« abreißen lassen. Beim Mittagessen oben in der Wohnung entspinnt sich über dieses Vorhaben ein familiärer Disput:

Hesselbach (erregt): »›Babba‹ … ›Babba‹ … kannste nicht noch lauter brüllen? Am besten gleich durch den ganzen Betrieb! Kannste nicht noch öfter durch den separaten Eingang in mein Zimmer hereinkommen, egal, ob dort Besprechungen stattfinden, ohne anzuklopfen, ohne Anmeldung … und ›Babba‹ schreien? ›Babba, hau mir mal einen Nagel in die Wand! Babba, gib mir mal ein Stück Papier! Babba, mach mir mal mein Kleid zu …!‹«

Frau Hesselbach (empört): »Das habe ich noch nie verlangt.«

Hesselbach: »Aber das kommt noch, da habe ich keine Sorge. Eine Frau von Takt lässt sich überhaupt nie am Arbeitsplatz ihres Mannes blicken.«

Frau Hesselbach (spitz): »Warum denn nicht?«

Hesselbach: »Weil er jeden rausschmeißen kann, nur sie nicht.«

Sohn Willi: »Du kannst sie doch rausschmeißen?!«

Hesselbach: »Rausschmeißen kann er sie. Aber jeder weiß dann, dass er sie anschließend doch lebenslänglich behalten muss. Das erzeugt Schadenfreude, und Schadenfreude untergräbt die Autorität.«

Frau Hesselbach: »Karl, ich bin ja ganz außer mir!«

Hesselbach: »Es wäre sehr lieb von dir, wenn du außer dir auch noch außer meinem Büro bleiben würdest.«

Aber natürlich bleibt die Treppe. Denn der separate Eingang wird aus dramaturgischen Gründen ja dringend gebraucht, schließlich gibt die offene Grenze zwischen Küche und Kontor Anlass für so manche komödiantische Verwicklung. So bedient sich die Mama zum Beispiel in der Folge »Der Kriminalfall« heimlich am Büromaterial und setzt damit eine betriebsweite Fahndung nach einem geheimnisvollen »Bleistiftdieb« in Gang. Zudem löst die Treppe ein zentrales Problem aller Familienserien auf ausgesprochen elegante Weise: Weil der Arbeitsplatz des Vaters nun nicht mehr in einem fernen Irgendwo liegt, sondern direkt an die Familienwohnung angrenzt, kann die Lebenswelt des Ernährers jederzeit mit in die Handlung einbezogen werden. So ist zu erklären, dass in TV-Familienserien von Anfang an vor allem Selbstständige mit ihren Familienbetrieben im Zentrum stehen. Um weitere Verschränkungen zu ermöglichen, darf dann die Ehefrau – entgegen dem zeitgenössischen Ideal der »Nur-Hausfrau« – oft genug im Betrieb mitarbeiten: In der neunteiligen Reihe »Alle meine Tiere«, die der SWR ab 1962 ausstrahlt, ist es zum Beispiel der Landtierarzt Hofer (Gustav Knuth), dem seine Ehefrau Gerda in der Praxis assistiert. Die Hofers haben zwei halbwüchsige Kinder, und auch Haushälterin Lenchen gehört praktisch zur Familie.

Nach dem großen Publikumserfolg von »Alle meine Tiere« entwirft Drehbuchautor Heinz Oskar Wuttig später noch eine weitere erfolgreiche Familienserie: 1965 geht »Der Forellenhof« auf Sendung, eine beschauliche Hoteliersgeschichte aus dem Schwarzwald. Vor dem Krieg begründete die Fischzucht den Wohlstand der Buchners; inzwischen hat Sohn Otto daraus einen florierenden Hotelbetrieb mit angeschlossenem Ausflugslokal gemacht. Die Buchners sind so vermögende Leute geworden, aber während der Hochsaison muss auch hier jeder mit anpacken: Otto Buchner ist Hotelchef, seine Frau Anna macht den Einkauf, der betagte Großvater kümmert sich immer noch um die Fischteiche, die alleinstehende Schwägerin Ruth leitet den Zimmerdienst, Sohn Jörg wird als Juniorchef auf die spätere Geschäftsübernahme vorbereitet. Lediglich der Älteste macht den Buchners Kummer: Klaus hat sein Studium abgebrochen und schlägt sich in Freiburg als Schriftsteller durch.

Wenn er aus der Stadt zu Besuch kommt, ist ihm aber immer noch bewusst, wem er sein Bohemienleben zu verdanken hat: »Was hast du gearbeitet ... geschafft!«, sagt er bewundernd zum Großvater. Der erinnert sich daraufhin an die Stunde null des Forellenhofs: »Wo die Autos jetzt parken, da standen die amerikanischen Panzer. Im Restaurant war ein Entbindungsheim und in der Schwarzwaldstube liefen die Hühner herum.«

Zwar sind die sechziger Jahre das goldene Jahrzehnt der Bundesrepublik – die Wirtschaft wächst nun jedes Jahr um mehr als acht Prozent –, aber die Erinnerung an die Entbehrungen der Kriegs- und Nachkriegszeit ist noch allgegenwärtig. Die Währungsreform von 1948 hatte zunächst eine empfindliche Teuerungsrate, aber kaum steigende Löhne gebracht. Zudem wurde mit der Einführung der D-Mark der größte Teil des Barvermögens ungültig. Am härtesten traf die Währungsunion die Besitzer größerer Sparvermögen, am meisten profitierte, wer über Grund- und Sachvermögen verfügte. Das »Wirtschaftswunder« ist beileibe nicht über Nacht gekommen, aber Ende der fünfziger Jahre hat der Aufschwung das Wirtschaftsgefüge doch entscheidend verändert: In den Hungerjahren war die Landbevölkerung gegenüber den Städtern stets im Vorteil gewesen, zu Beginn der sechziger Jahre spielt die Landwirtschaft aber nur noch eine Nebenrolle. Jetzt verdreifachen Hersteller von Investitionsgütern ihr Geschäft. Nach der Industrie ist der Dienstleistungssektor die zweitgrößte Wachstumsbranche. Nicht selten mit Hilfe »bequemer Teilzahlung« (Werbeslogan für den neu eingeführten Ratenkredit) stillen die Bundesbürger ihren Nachholbedarf: Es werden Kühlschränke, Kleinwagen und Fernsehgeräte angeschafft. 1960 sind immerhin schon 3,5 Millionen Fernsehteilnehmer registriert. Vier Jahre später hat sich die Zahl bereits verdoppelt und am Ende des Jahrzehnts werden es 15 Millionen sein.

Noch aber ist der Hörfunk das unangefochtene Leitmedium der jungen Republik. Mit rund 16 Millionen angemeldeten Teilnehmern ist 1960 der Sättigungsgrad aus Sicht der Rundfunkindustrie annähernd erreicht. Die Erfindung des Transistorradios durch den US-Hersteller »Texas Instruments« öffnet neue Märkte. Jetzt sind die Empfangsgeräte kleiner, leichter und preiswerter. Zweit- und Drittgeräte kommen in Mode – vom batteriebetriebenen »Kofferradio« bis zum Strom sparenden Autoradio. So ist der Hörfunk mittlerweile praktisch überall verfügbar. Im Wohnzimmer versammelt sich die Familie nun allabendlich um ein neues Rundfunkgerät: den Fernsehapparat. Für viele Zuschauer ist die Fernsehpremiere der »Firma Hesselbach« ein lang ersehntes Wiedersehen mit Mama und Babba Hesselbach: Die Unternehmerfamilie aus dem Hessischen hat nämlich bereits eine lange und wechselvolle Radio- und Kinokarriere hinter sich, die 1949 ihren Anfang genommen hatte.

Die ersten »Hesselbach«-Sketche entwickelte der Autor Wolf Schmidt nach dem Krieg für die »Bunten Sonntagnachmittage beim Funk«, die er als politischer Kabarettist mit regionaler Berühmtheit für das US-Besatzerradio »Radio Frankfurt« in Mundart verfasste. Weil nach der Währungsreform sein Kleinkunsttheater »Die Zeitgenossen« immer schlechter lief, konzentrierte sich Schmidt verstärkt auf seine Radioengagements. Bei »Radio Frankfurt«, aus dem 1948 der Hessische Rundfunk hervorging, veranstaltete er nun gemeinsam mit Peter Frankenfeld und Hans Joachim Kulenkampff »Bunte Nachmittage«, die vom Radio live übertragen wurden. Die »Hesselbachs« waren bald regelmäßig Programmpunkt in Schmidts Nummerndramaturgie, aber seinen Vorschlag, die populären Familiensketche zu einer eigenen Hörspielserie auszubauen, lehnte »Radio Frankfurt« ab. Schmidt bot seine Idee daraufhin dem benachbarten »Radio Stuttgart« an, wo seine schwäbische Fassung »Familie Staudenmaier« auf An-

©HR
Emsigkeit und Fleiß: Die Firma Hesselbach

hieb ein großer Publikumserfolg wurde. Bald gab es auch im WDR-Sendegebiet eine »Familie Schmitz« und eine schweizerdeutsche »Familie Müller«. 1949 entschloss sich endlich auch der Hessische Rundfunk zu einer Probesendung. Bis 1953 produzierte Schmidt im Monatsturnus insgesamt 47 Folgen der Hörfunkserie »Die Familie Hesselbach«. Die Hesselbachs lebten den Alltag ihrer Hörer nach: Sie kauften sich ein Haus, Sohn Willi verlobte sich, Tochter Annelies heiratete, schließlich gab der »Babba« seine Stellung als »Prokurist einer angesehenen Firma« auf, um sich als Pensionär fortan nur noch seinen Enkelkindern zu widmen.

Indem er seine Figur in Rente schickte, wollte Wolf Schmidt eigentlich die Radioserie ein für alle Mal beenden. Denn längst hatte der Autor und Hauptdarsteller eine lukrativere Verwendung für seine Familiengeschichten gefunden: 1953 drehte Schmidt eine Kinoversion der »Hesselbachs«. Weil er zunächst keinen Produzenten für dieses Projekt finden konnte, ließ Schmidt die »Die Familie Hesselbach« auf eigene Kosten in seinem privaten (noch von Vater und Mutter bewohnten) Elternhaus drehen. Produziert wurde nach dem preiswerten »Playback-Verfahren«: Im Hörfunkstudio ließ Schmidt die Dialoge aufnehmen. Am Set wurde dann nur stumm gedreht, der Toningenieur spielte das Tonband über Lautsprecher ein, damit die Darsteller ihre Lippen während ihres stummen Spiels synchron bewegen konnten. 1954 kam »Die Familie Hesselbach« mit Wolf Schmidt als »Babba« in die Kinos und wurde trotz der mangelnden technischen Qualität ein Kassenschlager. Schmidt drehte daraufhin drei weitere Kinofilme – in sehr kurzer Abfolge und unter ähnlich abenteuerlichen Produktionsbedingungen: Der Spielfilm »Die Familie Hesselbach im Urlaub« entstand 1955 zum großen Teil auf Schmidts Privatgrundstück am Bodensee.

Derweil waren die »Hesselbachs« auch ins Radio zurückgekehrt, Wolf Schmidt hatte sich dem Willen des Publikums gebeugt. Zunächst ließ er den »Prokuristen a. D. Hesselbach« ein »Büro für Lebensberatung« aufmachen, nach einer längeren Sommerpause hatte Babba Hesselbach sich dann aber als Chef einer eigenen Druckerei selbstständig gemacht. Um sich endlich endgültig von seiner Radiofigur zu verabschieden, hatte Wolf Schmidt diese Druckerei GmbH aber 1956 in einem Konkurs enden lassen. Als der Hessische Rundfunk Schmidt nun den Auftrag für eine Fernsehadaption erteilt, muss die glücklose Firmengeschichte der Hesselbachs natürlich teilweise umgeschrieben werden. In den ersten Folgen der neuen Fernsehserie wird deshalb relativ ausführlich thematisiert, wie es den Hesselbachs in den letzten vier – radiofreien – Jahren ergangen ist: Um den Kauf der neuen Druckerei zu ermöglichen, mussten sie ihr zuvor in der Radioserie erworbenes Eigenheim wieder verkaufen. Wer die »Hesselbachs« aus dem Radio kennt, ist nun wieder auf den neuesten Stand gebracht.

In den Gründerjahren des deutschen Fernsehens sind solche Radioadaptionen wie bei den »Hesselbachs« an der Tagesordnung. Noch muss das neue Medium damit werben, dass es die bekannten Radiostars mit ihren beliebten Sendungen verpflichten kann. Schon in wenigen Jahren wird es umgekehrt sein. Aber Ende der fünfziger Jahre sind Namen wie Hans Rosenthal, Heinz Schenk oder Peter Frankenfeld noch untrennbar mit dem Hörfunk verbunden, weshalb Robert Lembke in seiner TV-Adaption der Quizshow »Was bin ich?« gelegentlich das Fernsehpublikum als »Hörer« anspricht. Während bei dem Vermisstensuchdienst »Wir helfen suchen« oder bei den Sportübertragungen der Vorteil des Televisionären unmittelbar auf der Hand liegt – nach der Fernsehübertragung eines Hamburger Derbys schwärmt der Fernsehkritiker Kurt Wagenführ 1952: »Wir glauben nicht, dass ein Besucher der Horner Rennbahn ein gleich geschlossenes Bild vom Rennverlauf gehabt hat wie der Zuschauer vor seinem Empfänger daheim« –, sind die Fernsehzuschauer bei den »Bunten Abenden« des Hörfunks nur geduldete Zaungäste: Die Fernsehkameras sind verschämt am Seitenrand des Saals postiert und erhaschen das Geschehen auf der Bühne oft genug nur unzureichend. Auch die frühen Folgen der »Hesselbachs« sind auffällig dialoglastig. Um der Kamera auf engstem Raum überhaupt Fahrten zu ermöglichen, müssen die Darsteller meist in ihren Positionen verharren. »Wir standen häufig wie aufgereiht da«, erinnert sich die Schauspielerin Helga Neuner an die Dreharbeiten.

Andere Programmideen werden dagegen überhaupt erst mit dem Fernsehen möglich: Die Tanzkurse des Ehepaars Heinrici gehören über Jahre zu den beliebtesten Programmangeboten des NWDR. Der Frankfurter Zoodirektor Professor Bernhard Grzimek bringt schon ab 1953 zu seiner Sendung »Ein Platz für Tiere« regelmäßig lebendes Anschauungsmaterial mit ins Fernsehstudio. Diese Idee haben sich die Programmmacher des HR von dem Chicagoer Zoodirektor Martin Perkins abgeguckt, der mit ähnlichen Auftritten im US-Fernsehen zu einem Star geworden ist. Der arbeitslose Schauspieler Clemens Hahn bereitet unter dem Künstlernamen »Clemens Wilmenrod« in einer fünfzehnminütigen WDR-Show ein dreigängiges »Express-Menü« zu. Beim Fernsehpublikum ist der »ungelernte« Wilmenrod vor allem wegen seines ungenierten Umgangs mit industriell hergestellten Lebensmitteln wie Ketchup oder Tomatenmark beliebt. Die Anregungen des Fernsehkochs werden von den Hausfrauen auch gern aufgegriffen: »Als Wilmenrod Kabeljau auf eine besonders schmackhafte Art anbot, war Kabeljau am nächsten Tag in Düsseldorf ausverkauft«, beschreibt das »Handelsblatt« 1954 Wilmenrods »marktbewegende Tendenzen«.

Mit seinen Ratgebersendungen, Reisereportagen und Theateraufführungen synchronisiert das Fernsehen die Lebenswelten. Das traditionelle Bildungshandicap der Landbevölkerung lässt sich durch einen Fernsehempfänger wunderbar ausgleichen. Und obwohl die »Arbeitsgemeinschaft der Rundfunkanstalten Deutschlands« (ARD) föderal aufgebaut ist, hält sie doch nicht viel von regionalen Besonderheiten: Für die Fernsehaufzeichnungen aus dem Kölner »Millowitsch Theater« oder dem Hamburger »Ohnsorg« werden die mundartlichen Dialoge eigens abgemildert; auch Wolf Schmidt verfasst seine Fernsehfassung der »Hesselbachs« in einem von ihm so bezeichneten »Exporthessisch«.

Weil im Fernsehen jenseits der Volkstheater-Inszenierungen konsequent hochdeutsch gesprochen wird, haftet dem Dialekt schließlich auch im sozialen Alltag der Makel des Unzeitgemäßen an. Das ist nur ein kleines Beispiel für den zunehmenden gesellschaftlichen Einfluss des neuen Mediums. In dem Maße, in dem das Fernsehen Einzug in die Wohnzimmer hält – 1959 werden täglich 5000 Empfänger verkauft –, prägt es immer nachhaltiger die Lebenswelt seiner Zuschauer, ihre individuellen Alltagsgewohnheiten genauso wie die kollektiven gesellschaftlichen Einstellungen und Normen. Auch zeichnet sich langsam ab, dass das Verbundmedium nicht nur launige Unterhaltungsshows und hilfreiche Ratgebersendungen anbietet, sondern sich mit seinen Politmagazinen »Panorama« oder »Im Kreuzfeuer« auch als eine öffentliche Instanz versteht, die mittels kritischer Berichterstattung aktiv in das politische Geschehen eingreifen kann. Und was gesendet wird, wird jetzt auch landauf, landab gesehen! So wächst dem Fernsehen die Rolle einer »Vermittlungsagentur gesellschaftlicher Modernisierungsprozesse« zu. Im Gefolge dieser steigenden gesellschaftlichen Bedeutung wird es für die Bevölkerung wichtiger, nicht nur Bürger, sondern auch Publikum zu sein. Ein neues virtuelles Gemeinschaftsgefühl wird zum emotionalen Alltag: Um mit Millionen Menschen die gleiche Seherfahrung zu teilen, muss man sich nicht einmal aus dem Kreis der Familie hinausbewegen. Nur eines ist wichtig: Man darf die Sendung auf keinen Fall verpassen!

Programmzeitschriften kommen in Mode. Und nach den Anfangsjahren, in denen der NWDR seine Inhalte relativ willkürlich versendet hatte, plant das Fernsehen sein Programm nun nach einem festen Ablaufschema – und strukturiert damit auch den Feierabend der Zuschauer: Der Beginn des Hauptabendprogramms wird mit der »Tagesschau« um zwanzig Uhr festgelegt. Feste Sendetage für populäre Genres – freitags gibt es einen Krimi, sonntags einen Bunten Abend – bestimmen bald nicht mehr allein die familiären Feierabendrituale (Wann wird zu Abend gegessen?), sondern auch die gesellschaftlichen Freizeitaktivitäten (An welchem Tag gehen wir nicht aus?). Die bereits Ende der fünfziger Jahren viel diskutierte »Verhäuslichung« der Menschen wird mit der neuen Programmkonkurrenz des ZDF, das 1963 seinen Sendebetrieb aufgenommen hat, Jahr für Jahr weiter zunehmen. Zum Ärger der Rundfunkintendanten gewöhnen sich die Zuschauer einen bisher unbekannten »Unterhaltungsslalom« an. Dieses »Sich-Hindurchwinden von Krimi zu Krimi, vom Quiz-Spiel zum Western« (WDR-Fernsehspieldirektor Günter Rohrbach 1971) wird von den Programmmachern zwar heftig beklagt, aber mit immer neuen unterhaltenden Programmelementen zugleich gefördert. Ihren Kultur- und Bildungsauftrag delegiert die ARD Mitte der sechziger Jahre an die regionalen »Dritten Programme«, die künftig mit »Schulfernsehen« und »Studienprogrammen« den von Politik und Pädagogik prognostizierten Bildungsnotstand aufhalten sollen. Eine europäische Studie hat nämlich zutage gefördert, dass in Deutschland die Zahl der Abiturienten und Studierenden unter dem europäischen Durchschnitt liegt; eines fernen Tages, so die Kassandrarufe der Wirtschaft, würden der Bundesrepublik die qualifizierten Arbeitskräfte fehlen, um auf dem Weltmarkt mitzuhalten.

Von derlei gesellschaftlichen Veränderungen bleiben die populären Familienserien der frühen sechziger Jahre völlig unberührt. Durchweg angesiedelt im Unternehmer-Milieu gehört der Oberprimaner-Sohn zum festen Personal: In der Veterinärserie »Alle meine Tiere« spielt Volker Lechtenbrink, dem Publikum bekannt aus Bernhard Wickis Kinofilm »Die Brücke« (1959), den Sohn Ulli. Gleich in der ersten Serienfolge »Der Graue« wird der Primaner als zwar etwas zu ungestümer, aber moralisch integerer Jugendlicher vorgestellt: Ulli hat einen wildernden Schäferhund eingefangen, der die Viehbauern der Umgebung schon seit längerem verärgert. Wie sich herausstellt, gehört das völlig verwahrloste Tier dem Hundezüchter Strecker, einem schweren Alkoholiker, der sich offensichtlich nicht angemessen um seine Tiere kümmert. Ulli beschließt, die Tiere heimlich aus dem Zwinger zu befreien, obwohl ihm sein Vater jegliche Einmischung in Streckers »Privatangelegenheit« strengstens verboten hat.

Letztlich ist es aber gerade Ullis rechtlich fragwürdige Eigenmächtigkeit, die das Happyend herbeiführt: Als der Züchter am nächsten Tag eine Anzeige wegen Diebstahls erstatten will, kann er vom Züchterverband der Tierquälerei überführt werden. Seine Tiere muss Strecker nun abgeben, Vater Hofer kauft ihm großzügig den »Grauen« ab und bringt so das geltende Recht und die empfundene Moral wieder miteinander in Einklang.

Jörg, der künftige Erbe des »Forellenhofs«, ist zwar vergleichsweise lässig gekleidet, er raucht, fährt einen schnittigen Sportwagen, hört gerne Jazz und bietet einer jungen Frau auf seinem Zimmer Alkohol an – aber ein »Halbstarker« ist letztlich auch er nicht. Ähnlich wie Ulli Hofer wird auch Jörg Buchner bereits in der Auftaktfolge als Moralist mit Augenmaß vorgestellt: Weil im Fischteich offenbar gewildert wird, legt sich der Junior in der Folge »Hochsaison« des Nachts auf die Lauer. Er überführt ausgerechnet seinen Schulfreund, den Kochlehrling Michel, der »gemeinen Tat«. Weil sich aber herausstellt, dass Michel seinerseits zu diesem Diebstahl erpresst wurde, verzichtet Jörg spontan auf eine Bestrafung. Vielmehr schlägt er nun mit der Androhung einer Strafanzeige den Erpresser in die Flucht. Über Nacht hat auch hier der Junior die gerechte Ordnung wiederhergestellt.

Jörg und Ulli gehören zu jener ersten Nachkriegsgeneration, die »nur vage Erinnerungen an Lebensmittelkarten und Hamsterfahrten hat«, wie der Journalist Jürgen Leinemann diese 40er-Jahrgänge beschreibt. »Politik interessiert sie nur am Rande. Freizeit wird zum selbstständigen, keineswegs nur nebensächlichen Lebensbereich.« Das gilt nicht zuletzt für Jörgs kleine Schwester Christa Buchner: Die Unterprimanerin wünscht sich zum Geburtstag ungeniert ein eigenes Auto oder doch zumindest eine Urlaubsreise (Christa: »Es müssen ja nur vierzehn Tage sein!«). Diese Halbstarken stehen dem Leben bereits wesentlich unbefangener gegenüber als die Flakhelfer-Jahrgänge, die der Soziologe Helmut

Schelsky 1957 als die »skeptische Generation« bezeichnet hatte. Im Familientableau des »Forellenhofs« hat Drehbuchautor Heinz Oskar Wuttig die Mentalitätsunterschiede der 40er-Jahrgänge an den drei Buchner-Kindern durchdekliniert: Während Christa als unbedarfter und konsumorientierter »Backfisch« dargestellt wird und Jörg vor allem durch seinen Aufstiegswillen gekennzeichnet ist, leidet der große Bruder Klaus noch an den Folgen eines frühen Kindheitstraumas: Offenbar hatten seine Eltern die Kriegsjahre in Amerika verbracht (warum, wird nicht erklärt). In einem Gespräch über Klausens Lebensuntüchtigkeit erinnert der Großvater die besorgte Mutter Buchner: »Ihr wart eben zu lange weg. Für ein Kind sind die ersten fünf Jahre entscheidend. Und als ihr dann wiederkamt, da hat euch der Junge ja kaum gekannt!«

»Du sagst das mit so einem Vorwurf, Vater!«

»Das ist kein Vorwurf, das ist eine Feststellung, eine Erklärung.«

Aber Klaus wird nicht nur durch seine Wankelmütigkeit – vor seinem Entschluss, Schriftsteller zu werden, brach er bereits drei Studiengänge ab –, sondern auch durch seine Rebellionsbereitschaft charakterisiert. In einem Streit mit seinem Vater verteidigt Klaus einen von ihm verfassten, polemischen Zeitungsartikel, dessen Inhalt dem Geschäft des alten Buchner Probleme bereiten könnte: »Wenn man sieht, dass irgendwo der Wurm drin ist, dann muss man Alarm schlagen und Protest anmelden!« Darauf empört sich der Alte: »Sag mal, bist du nicht ein bisschen zu jung, um das zu beurteilen? Ich jedenfalls finde es ziemlich anmaßend, wenn du erfahrenen und bewährten Stadtvätern die Leviten liest. Du bist ja ein richtiger Anarchist!«

Im Laufe seines Serienlebens wird Klaus aber doch noch in der »formierten Gesellschaft« (Ludwig Ehrhard) der jungen Bundesrepublik beruflich und emotional Fuß fassen. Ohnehin ist er kein typischer Vertreter seiner Generation. Denn wie der Kulturwissenschaftler Hermann Glaser bemerkt, erfüllt die »überwältigende Mehrheit der Jugendlichen mit Emsigkeit und Fleiß die ihnen zugewiesene Rolle, nämlich als angepasste Akteure einer nivellierten Mittelstandsgesellschaft zu fungieren, der materieller Fortschritt viel, Trauerarbeit über die Zeit des Nationalsozialismus aber wenig bedeutete«. Die Anpassungsbereitschaft dieser 40er-Jahrgänge sei nicht mehr das Ergebnis autoritären Zwanges, so Glaser, sondern die Folge der Erfahrungen in der desolaten Trümmerzeit gewesen: »Die Not war Lehrmeister für ein Aufstiegsverhalten, das durch Abweichlertum nur behindert worden wäre. Die Mehrzahl der jungen Menschen wollte rasch erwachsen werden, um auf diese Weise Anschluss ans Wirtschaftwunder zu erhalten.«

In den »Hesselbachs« stellt Wolf Schmidt dem Publikum gleich zwei junge Männer vor, die ihre Adoleszenz möglichst schnell hinter sich bringen wollen: Hesselbachs leiblicher Sohn Willi ist Prokurist und Vaters rechte Hand. Anders als der »Alte« pflegt Willi einen moderneren, fast schon partnerschaftlichen Führungsstil – hier wird zart ein Generationenkonflikt angedeutet. Freilich wird sein unternehmerisches »Laisser-faire«, mit dem er auf die Unpünktlichkeit seiner Sekretärin Helga reagiert, bald als »Cherchez la femme« erkennbar: Unübersehbar ist Willi in Helga verliebt, die beiden werden später heiraten. Als der Schauspieler Joost Siedhoff die Serie verlassen möchte, wird Willi seine kaufmännische Karriere im Ausland fortsetzen und seine Frau bei Hesselbachs zurücklassen. Im Büro tritt an seine Stelle der Berliner Vertriebsangestellte Fred Lindner. In den ersten Episoden der »Firma Hesselbach« war der junge Berliner noch als »Betriebs-Beau mit wechselnden Verhältnissen« vorgestellt worden, der über seine zahlreichen »Techtelmechtel« (so der Folgentitel) die Arbeit vernachlässigt. Lindners Auftreten ändert sich aber nachhaltig, als er eine Familie gründet. Unter dem guten Einfluss seiner Verlobten, der »Hesselbach«-Tochter Heidi, wird der Playboy zu einer unverzichtbaren Stütze des Unternehmens – und zum Dank für diese Charakteränderung nicht nur Prokurist, sondern auch zum großen Serienfinale Hesselbachs Schwiegersohn.

Im Januar 1963 strahlt der Hessische Rundfunk die letzte Folge der »Hesselbachs« aus. In München haben die »Schwabinger Krawalle« Schlagzeilen gemacht, der Kanzler hat soeben seinen baldigen Rücktritt bekannt gegeben, aber vom sich abzeichnenden Ende der Adenauer-Ära ist bei den »Hesselbachs« bislang nichts angekommen. Eine hartnäckige Auseinandersetzung mit den Redakteuren des Hessischen Rundfunks über eine gesellschaftskritische Politisierung der quotenstarken Familienserie hat Wolf Schmidt inzwischen verloren. Die Finalfolge »Wertsachen«, in der Hesselbach eine Bürgerinitiative gründet, um einer stinkenden Müllgrube ein Ende zu machen, wird zwar von der zeitgenössischen Kritik als versteckte Auseinandersetzung mit staatlicher Obrigkeit, Behördenwillkür und den Partizipationsmöglichkeiten des Staatsbürgers gedeutet. In Wahrheit hat Schmidt mit der Fernsehfassung von »Wertsachen« aber nur ein gleichnamiges Radiomanuskript aus dem Jahre 1954 zweitverwertet.

1966 kehrt der politische Kabarettist Wolf Schmidt noch einmal mit seiner Kunstfigur auf den Bildschirm zurück. In der satirischen Reihe »Herr Hesselbach und …« ist aus dem ehemaligen Prokuristen und erfolgreichen Unternehmer Hesselbach nun ein streitbarer Stadtrat geworden, der sich kommunalpolitischen Fragen widmet. Aber den angestammten »Hesselbach«-Zuschauern gefällt diese Verquickung von Politik und Unterhaltung nicht, und ein neues, politikinteressierteres Publikum lässt sich nicht schnell genug finden. Die letzten beiden bereits produzierten Folgen der Reihe werden nicht mehr ausgestrahlt. Am 7. Juni 1967 stellt der HR die ungeliebte Reihe vorzeitig ein. Fünf Tage zuvor ist in Berlin der Student Benno Ohnesorg von der Polizei erschossen worden. Gemeinsam mit hunderten jungen Leuten – Tierarztsöhnen wie Ulli Hofer, Hotelierstöchtern wie Christa Buchner, Prokuristensöhnen wie dem jungen Peter Hesselbach – hatte Ohnesorg gegen den Staatsbesuch des iranischen Potentaten protestiert. Die bundesweiten Protestaktionen, mit denen die APO auf die Todesschüsse an der »Deutschen Oper« reagiert, sind vorläufiger Höhepunkt einer studentisch geprägten Reformbewegung, die sich bereits seit Anfang der sechziger Jahre abzeichnet und die die kulturellen, politischen und sozialen Verhältnisse der westdeutschen Gesellschaft mit zunehmender Radikalität ändern will. So wohnt seit Jahresbeginn in der Berliner Wohnung des Schriftstellers Uwe Johnson die »Kommune 1«. Sie wurde gegründet von den SDS-Aktivisten Fritz Teufel und Dieter Kunzelmann; im Frühjahr schließt sich auch der »Sponti« Rainer Langhans an. Die Kommunarden wollen künftig ohne persönliches Eigentum und sexuelle Besitzansprüche leben. Erklärtes Ziel dieser experimentellen »Lebensgemeinschaft« (»Stern«) ist nämlich die »Zerstörung der Kleinfamilie«. Denn diese ist, wie der SDS-Arbeitskreis »Kommune« zuvor festgestellt hat, »die kleinste Zelle des Staates, aus deren unterdrückerischem Charakter sich alle Institutionen ableiten«.

3. Die Mutterrolle als Notunterkunft

Stunde null – Robert Strombergers »Die Unverbesserlichen« (1965) und »Diese Drombuschs« (1983)

Die Musik, die den Vorspann der »Unverbesserlichen« begleitet, kommt aus einem alten »Heinzelmann«. Das Röhrenradio gleichen Namens hatte Max Grundig 1947 auf den Markt gebracht und damit die Deutschen vorübergehend zu eifrigen Bastlern gemacht. Die strengen Vertriebsauflagen der Alliierten umging der findige Grundig dabei mit einem Trick: Weil er den »Heinzelmann« als Baukasten ohne Röhren auslieferte, galt das Radio als Spielzeug und konnte auch von Privatleuten ohne die limitierten Bezugsscheine erworben werden. Bis zur Währungsreform hatte Grundig den preiswerten »Heinzelmann« bereits 100 000 Mal verkauft, bis 1957 waren es fünf Millionen Geräte. Dann wurde die Produktion des »Jedermann«-Radios eingestellt.

Irgendwann muss auch Kurt Scholz zu Grundigs Bausatz-Kundschaft gehört haben. Immer noch ist der eigenhändig zusammengelötete Radioempfänger »Papas Hobby«, dabei ist sein »Heinzelmann« inzwischen so alt wie Scholzens jüngste Tochter Lore. »Mann, der Superempfänger hat ja Launen wie Papa!«, schimpft die Oberschülerin, als das Gerät wieder einmal den Empfang verweigert, und ruft ihre ältere Schwester aus dem Nachbarzimmer. Mit einem geübten Schlag auf das Holzgehäuse muss Doris die Störung »reparieren«. Dabei gibt die Kamera einen kurzen Blick auf das Innenleben des »Heinzelmann« frei: Die Rückfront des Gerätes ist abgeschraubt und vielleicht längst verloren gegangen. Das Gewirr aus Kabeln und Lötstellen charakterisiert für die Zuschauer nicht nur den Gemütszustand des noch abwesenden Haushaltsvorstands, sondern auch die bescheidenen Lebensverhältnisse der Familie Scholz.

Bisher hatte das Fernsehen seine Familienserien im Milieu der gehobenen Angestellten und mittelständischen Unternehmer angesiedelt. Mit den »Unverbesserlichen« verlässt das Genre Mitte der sechziger Jahre nun die Sphäre der Gutverdiener. Seit Max Grundig einen Fernsehempfänger für unter 1000 Mark anbieten kann, ist das »In-die-Röhre-Gucken« auch in der Arbeiterschaft zur beliebten Freizeitbeschäftigung geworden, am Ende des Jahrzehnts wird das Publikum soziologisch die Gesamtbevölkerung exakt abbilden. Bei den »Unverbesserlichen« schauen die »kleinen Leute« nun nicht mehr ihren Chefs auf den Schreibtisch, sondern ihren Kollegen ins Wohnzimmer: Kurt Scholz ist ein kleiner Buchhalter kurz vor der Rente. Mit seiner Frau Käthe, die mit Näharbeiten monatlich 250 Mark zum Haushaltseinkommen beisteuert, seinen drei zum Teil schon berufstätigen Kindern und der alleinstehenden Tante Hertha lebt er in einer angemieteten Altbauwohnung in Westberlin. Zu einem Gebrauchtwagen hat es bisher nicht gereicht, an einen Fernsehapparat ist noch lange nicht zu denken. Wie die Soziologin Christa Wichterich 1979 feststellte, unterscheidet sich Kurt Scholz mit seinem Gehalt von rund 600 Mark, seiner dazuverdienenden Ehefrau und dem bescheidenen Mietverhältnis »weder durch ökonomische Indikatoren noch durch sein Gesellschaftsbild von der Arbeiterschaft«. Die Scholzens sind Opfer jener »nivellierten Mittelstandsgesellschaft«, deren Deklassierungsprozesse der Soziologe Helmut Schelsky bereits Mitte der fünfziger Jahre beschrieben hatte: »So besteht das Paradoxon unseres gesellschaftlichen Wandels darin, dass der Drang zum Aufstieg auf der sozialen Leiter universal geworden ist zu einem Zeitpunkt, da diese ›Leiter‹ völlig abgebaut oder doch stark verkürzt worden ist.«

Anders als bei den Buchners oder Hesselbachs, wo zwar ständig über die Last der vielen Arbeit, nie aber über den damit verbundenen Lohn gesprochen wird, ist das Thema »Geld« für Familie Scholz regelmäßig Gesprächsstoff: »Wir können uns drehen und wenden, wie wir wollen: Es fehlen immer die berühmten paar Piepen im Monat, die die anderen Leute mehr haben«, beschreibt Kurt die finanzielle Situation seiner Familie. Die Geldknappheit ist freilich zum Teil hausgemacht: Ohne das Wissen des jeweils anderen Ehepartners legen Käthe und Kurt Scholz regelmäßig kleinere Geldsummen zur Seite, um sich so in absehbarer Zeit einen kleinen Traum erfüllen zu können. Käthe Scholz spart heimlich auf eine elektrische Nähmaschine, ihr Mann hat bereits 900 Mark für ein gebrauchtes Auto zurückgelegt.

Für sich selbst haben die Scholzens die Hoffnung auf eine bessere gesellschaftliche Position inzwischen aufgegeben. Aber ihre Kinder sollen es einmal besser haben. Während Käthe an ein Fortkommen durch Bildung glaubt und deshalb dafür kämpft, dass die jüngste Tochter Lore das Gymnasium schafft, setzt Kurt auf die Fußballkarriere von Sohn Rudi. Beide Kinder werden die Erwartungen ihrer Eltern enttäuschen: Lore schafft die Versetzung nicht und wird später die Oberschule verlassen, Rudi erleidet einen Sportunfall, der seine Profilaufbahn jäh beendet. Auch die »Versorgungsehe« von Doris wird nicht halten, durch die Scheidung verliert sie vorübergehend ihren gesellschaftlichen und ökonomischen Status und muss wieder bei den Eltern einziehen. Als der gelernten Drogistin später mit einer zweiten Heirat der lang ersehnte Sprung auf der sozialen Leiter gelingt, beginnt sie, sich ihrer kleinbürgerlichen Herkunft zu schämen. Doris verschweigt deshalb den Eltern einen luxuriösen Hochzeitsempfang, mit dem ihr zweiter Ehemann, ein erfolgreicher und wohlhabender Architekt, seine neue Gattin in die »feine Berliner Gesellschaft« einführt. »Was die ›Unverbesserlichen‹ von allen späteren deutschen Familienserien unterscheidet«, so der Kritiker Seeßlen, »ist die sehr genaue Definition der Klassenlage, ein zerfallendes Kleinbürgertum, das sich so schnell an den Aufstieg (der Kinder) wie an die Verelendung (der Eltern) zu verlieren droht. Nirgendwo gibt es Sicherheit, aber die ›Mobilität‹ als Ersatz dafür ist noch keine Alternative. Während die Eltern sich verzweifelt an ihren Ort klammern, bewegen sich die Kinder in geradezu schwindelerregenden Auf- und Abbewegungen. Aufstieg und Fall sind dicht nebeneinander. […] Sie ahnen, dass sie sich nur als einzelne retten können; für ihren Stand gibt es nicht mehr die geringste Hoffnung.«

Wie der Kochlehrling Michel aus dem »Forellenhof«, der zum Unverständnis der gut situierten Buchners seinen kargen Lohn Woche für Woche in Lottoscheine ummünzt, hoffen auch die Scholzens auf das große Los. Jeden Sonntagnachmittag versammelt sich die Familie deshalb bei Kaffee und Kuchen vor dem alten »Heinzelmann«, um gespannt der Bekanntgabe der Totozahlen zu lauschen. Aber selbst der lang ersehnte Geldsegen bringt den »Unverbesserlichen« kein Glück. Als endlich die »richtigen« Zahlen genannt werden, entspinnt sich sofort ein Disput über die Verwendung des Spielgewinns. Jedes Familienmitglied plädiert für die Verwirklichung des eigenen, lang gehegten Traums, verbrämt diesen Vorschlag aber als Familienziel: Mutter Käthe möchte die elektrische Nähmaschine anschaffen, um so ihren Nebenverdienst auszubauen – »da habt ihr doch alle was davon!« Sohn Rudi wünscht sich einen Fernsehapparat, »damit es sich endlich wieder lohnt, zu Hause zu bleiben«. Doris plant, mit ihrem Ehemann Helmut zusammenzuziehen. und will das Geld deshalb als »Baukostenzuschuss« verwenden – »dann seid ihr mich hier endlich los!« Vater Kurt favorisiert den gebrauchten Kleinwagen »für die ganze Familie«.

Der Anspruch der bürgerlichen Kleinfamilie, Sphäre reiner Menschlichkeit und freier Selbstverwirklichung des Einzelnen zu sein, gerät bei den »Unverbesserlichen« zur Farce: Bevor der Streit um die Verwendung des Gewinns überhaupt eskalieren kann, zerplatzen die divergierenden

Konsumträume auch schon wieder. Der Toto-Schein ist nicht mehr aufzufinden, und die hektische Suche nach dem kostbaren Zettel fördert en passant weitere Familiengeheimnisse zutage: Helmut findet heraus, dass seine Ehefrau Doris heimlich als Fotomodell arbeitet; bei Rudi wird im Kleiderschrank ein Bündel Babywäsche entdeckt; Vater Kurt hat Mutter Käthe eine Gehaltserhöhung verschwiegen, sie ihm dafür den wahren Preis der neuen Wohnzimmercouch. Am Ende der Episode wird der Gewinnschein zwar wieder aufgetaucht, das begehrte Geld aber gleich mehrfach ausgegeben sein. Ohne Absprache mit den anderen haben sich alle ihre individuellen Konsumwünsche erfüllt: Doris hat einen Mietvertrag unterschrieben, Käthe die elektrische Nähmaschine angeschafft, Kurt das gebrauchte Auto gekauft (und gleich zu Schrott gefahren) und Rudi einen Fernseher bestellt. Als der angeliefert wird, weist die Fernsehfigur Käthe Scholz die Lieferanten mit den Worten ab: »Fernseher? Tut mir Leid, das ist nicht für uns. Damit haben wir nichts zu tun.«

Bisher hatte das Fernsehen dem Publikum an den Endgeräten ausschließlich positive Musterfamilien zur Identifikation angeboten. Die »unverbesserliche« Anti-Familie Scholz soll zunächst auch gar nicht in Serie gehen, sondern als Einzelstück am Muttertag 1965 ausgestrahlt werden. Zu den Hausregisseuren des NDR gehört auch John Olden; die »Unverbesserlichen« haben über ihn und seine Ehefrau Inge Meysel den Weg zum NDR gefunden: Der junge Stuttgarter Theaterautor Robert Stromberger hat den Stoff nämlich ursprünglich als Bühnenstück für Oldens Ehefrau geschrieben. Auf Anraten ihres Mannes entscheidet sich Inge Meysel, dem Autor gleich eine Fernsehfassung vorzuschlagen.

Sicher wurde Stromberger zu seinem Stoff durch das Berliner Volkstheaterstück »Fenster zum Flur« inspiriert, einem Stück von Curt Flatow und Horst Pillau, dem Inge Meysel 1959 zu großer Popularität verholfen hat. Im Zentrum dieser sozialkritischen Tragikomödie stand die Portiersfrau Anni Wiesner, deren ehrgeizige Lebensträume im bescheidenen Souterrain vermodern. Den willensschwachen Ehemann spielte Rudolf Platte, unter der Regie von Erik Ode (später bekannt geworden als »Der Kommissar«) war die Uraufführung in Berlin ein großer Erfolg geworden: Der Theaterkritiker Friedrich Luft schrieb über die Hauptdarstellerin: »Inge Meysel spielt, dass die Fetzen der Heiterkeit fliegen oder die Tränendrüsen im Parkett schwellen. Sie lässt keinen Nebenton aus. Sie fuhrwerkt in allen Stockwerken der Empfindung herum.« 1965, dem Entstehungsjahr der »Unverbesserlichen«, inszeniert Ode das beliebte Boulevardstück für den NDR, die Fernsehfassung wird bis heute in den Dritten Programmen der ARD regelmäßig wiederholt.

Nicht erst die Käthe Scholz, sondern schon die Figur der Portiersfrau Anni Wiesner aus »Fenster zum Flur« hat Inge Meysel ihren Beinamen »Mutter der Nation« eingebracht. Auch in dieser Rolle schuftet und rackert die Meysel unermüdlich für den sozialen Aufstieg ihrer drei erwachsenen Kinder. Etwas Besseres soll aus ihnen werden: ein Doktor, eine Balletteuse, eine Millionärsgattin. Aber das Familienglück bleibt Annis ehrgeizige Behauptung, den beruflichen und privaten Erfolg spielen ihre Kinder der Mutter seit Jahren nur vor. Alle, sogar ihr eigener Mann, fürchten sich vor Mutters stärkster Waffe: ihrer Enttäuschung.

Das Theaterstück ist beim Publikum so erfolgreich, weil es den Autoren Flatow und Pillau mit »Fenster zum Flur« gelungen ist, den »Trümmerfrauen« nachträglich ein theatrales Denkmal zu setzen. Die Hauptfigur thematisiert die Lebensentwürfe der Meysel'schen 10er-Jahrgänge in all ihrer emotionalen Ambivalenz: Während des Krieges und in den Jahren danach mussten die Frauen an ihrer psychischen und physischen Überforderungsgrenze arbeiten, um das Überleben ihrer Familien in Alleinregie zu organisieren. Es war eine vorübergehende, aus der Not geborene Emanzipation, die mit der Heimkehr der Männer ihr »natürliches« Ende fand. Teilweise erleichtert, teilweise der gesellschaftlichen Norm gehorchend, hatten die Frauen ihre Arbeitsstellen wieder aufgegeben und waren in ihre »Hausfrauen-Ehen« zurückgekehrt. In der Portiersfrau Annie Wiesner spiegelt sich nun die Willenskraft, mit der diese Generation den Krieg überlebt, diese Republik aufgebaut, die Familie zusammengehalten hat. Und die Sehnsucht nach einer intakten Familienidylle, die in diesen entbehrungsreichen und einsamen Jahren ins Unstillbare gewachsen ist.

Aufgrund des großen Zuschauerzuspruchs zeigt der NDR sieben Jahre lang an jedem Muttertagssonntag in einer weiteren Fortsetzung der »Unverbesserlichen«, wie sich die bürgerliche Kleinfamilie bei Kaffee und Kuchen in ihre Bestandteile zerlegt. Die Anni Wiesner aus dem Theaterstück »Fenster zum Flur« hatte Inge Meysel landesweit populär gemacht. Aber erst die Käthe Scholz aus der Fernsehserie begründet ihren lebenslangen Ruhm. Etliche Schauspielerinnen werden sich später im Fernsehen noch mit wichtigen Mutterrollen profilieren, aber weder Marie-Luise Marjan noch Witta Pohl, Thekla Carola Wied oder Maria Schell können Inge Meysel in der Rolle der Mutter der Nation beerben. Denn Meysels Frauenfiguren haben eine spezifische Qualität, die sie von späteren Fernsehmüttern grundlegend unterscheidet: Sie beschreiben noch eine kollektive Erfahrung. Die »Trümmerfrauen« Anni Wiesner und Mutter Scholz konnten zwischen Vierflammenherd und Thermoskanne kein angemessenes Betätigungsfeld mehr für ihre Willensstärke finden. Ihre übergroße Aufopferung und Fürsorglichkeit ist in Wahrheit der vergebliche Versuch, den alten Machtanspruch zurückzugewinnen. Das ist die Tragik ihres Lebens: Die Mutterrolle ist ihnen zugewiesen worden wie eine Notunterkunft.

Auch die Berliner Schauspielerin Inge Meysel hat sich die »Mutter der Nation« nicht selbst ausgesucht. Sie ist auch gar nicht der Muttertyp. Inge Meysel ist in zwei Ehen kinderlos geblieben, sie hat die meiste Zeit ihres Lebens für ihren Unterhalt selbst gearbeitet. Die Tochter des Berliner Kaufmanns Julius Meysel und seiner dänischen Frau Margarete war auch nach heutigem Maßstab eine zielstrebige Karrierefrau. Mit einer gefälschten Unterschrift erschleicht sie sich 17-jährig den Zugang zur Schauspielschule, bereits 1930 debütiert die 20-Jährige am Zwickauer Stadttheater mit »Charleys Tante«. Die örtliche Kritik nennt sie einen »quicken Berliner Wonneproppen« und prophezeit ihr eine große Karriere. Die lässt sich zunächst auch ganz gut an, wird aber 1935 jäh unterbrochen, als die Nazis ihr Berufsverbot erteilen: Vater Julius Meysel ist Jude. Die folgenden zehn Jahre, in denen sie sich mit Jobs über Wasser halten musste, bezeichnet Inge Meysel später als ihre »gestohlenen Jahre«. Bei Kriegsende ist die Meysel 35 Jahre alt, ein schwieriges Alter für eine Schauspielerin. Die jungen Hauptrollen hat sie nie spielen dürfen, für das Charakterfach ist sie noch zu jung. Als »Salondame« spielt sie jetzt meist im eleganten Abendkleid – mal mit züchtigem, mal mit tief dekolletiertem Ausschnitt. Das Theater unterfordert sie, das Kino weiß nichts Rechtes mit ihr anzufangen. Erst im Fernsehen kann sich ihr dramatisches Talent entfalten. »Frau Meysel«, schwärmt der »Spiegel«, »spielt so herzlich normal, so selbstbewusst durchschnittlich, dass man sie vom Bildschirm herunter in die Sitzgarnitur bitten möchte.«

Diese identifikatorische Authentizität ist ja bereits seit den »Schölermanns« medial erwünscht, in Wahrheit aber das Produkt einer großen schauspielerischen Leistung. Das Fernsehpublikum ist deshalb immer halb interessiert, halb irritiert, wenn sich die Schauspielerin Inge Meysel der ihr zugewiesenen Rolle mal wieder demonstrativ widersetzt. Mit ihrem Wahlkampfeinsatz für Willy Brandt positioniert sie sich 1969 als politisch wache Bürgerin. Ganz im Hausfrauen-Tonfall der »unverbesserlichen« Käthe Scholz ist ihre Anzeige formuliert: »In meinem Elternhaus hieß es immer, man muss durch Fleiß und Tüchtigkeit etwas erreichen. Das finde ich auch. Aber Anständigkeit und Redlichkeit gehören dazu. Sehen Sie – und deshalb wähle ich Herrn Brandt. Ich halte ihn für den anständigsten, redlichsten und fähigsten Politiker, den ich kenne.« Noch größer ist das Erstaunen, als die »Mutter der Nation« 1978 mit Kapotthütchen und Perlenkette vor einem Hamburger Gericht auftaucht, um gemeinsam mit der Frauenrechtlerin Alice Schwarzer die Illustrierte »Stern« wegen ihrer Frauen verachtenden Titelbilder zu verklagen. Inge Meysel lässt in den nächsten Jahren kaum einen Skandal aus: Sie debattiert demonstrativ mit den »Hasch-Jüngern« der 70er, zu Beginn des Aids-Zeitalters bekennt sie sich zu ihrer Bisexualität. Sie tritt 1991 als prominentes Mitglied der »Gesellschaft für humanes Sterben« in Erscheinung und lehnt das Bundesverdienstkreuz ab. All diese Bekenntnisse bekommen Gewicht, weil die »Mutter der Nation« sie ausspricht. Und gleichzeitig sollen die Provokationen doch immer nur zeigen: Ich bin nicht die (Mutter), zu der ihr mich gemacht habt. Wie ihre Fernsehfiguren versucht auch die Schauspielerin Inge Meysel ihre Umgebung zu manipulieren, ohne den offenen Affront mit ihrem Publikum zu suchen. Als sich Anfang der achtziger Jahre die Meldungen zu häufen beginnen, dass die Meysel mit der Stadt Hamburg wegen eines geplanten Deichbaus vor ihrem Haus im Dauerclinch liegt, ist die »Mutter der Nation« im Rentenalter. Und einer ersten Fernsehgeneration weniger als Serienschauspielerin denn als provokanter Talkshowgast geläufig.

Die Mutterrolle übernimmt nun eine andere: 1983, also zwölf Jahre nach dem Ende der »Unverbesserlichen«, hat Robert Stromberger wieder eine sozialkritische Familiengeschichte geschrieben – diesmal für den Vorabend des ZDF. »Diese Drombuschs« stellen sich ihrem Publikum als »moderne« Familie vor, die in Darmstadt ein Antiquitätengeschäft führt und wie die »Hesselbachs« über dem Laden wohnt. Aber anders als zu Zeiten des »Wirtschaftswunders« steht »das Geschäft« nicht mehr im Zentrum der Aufmerksamkeit. Dem Zeitgeist der achtziger Jahre entsprechend geht es den Wohlstandskindern weniger um das existentielle »Soll und Haben« als um Fragen der individuellen Selbstverwirklichung. 1992 beschreibt der Kultursoziologe Gerhard Schulze diesen Wertewandel hin zur »Erlebnisgesellschaft«: »An die Stelle der traditionellen Verteilungskämpfe traten Kulturkonflikte. Stilfragen, Ansichtssachen, Lebensphilosophien wurden subjektiv wichtiger als soziale Gerechtigkeit, Chancengleichheit, Steigerung des Lebensstandards.«

Das Familientableau, das Robert Stromberger für die »Drombuschs« entworfen hat, dekliniert entsprechend die neuen westdeutschen Lebensentwürfe durch: Vater Siegfried (Hans Peter Korff) ist ein typischer Vertreter des »aufstiegsorientierten Milieus«: Der Sohn aus gutem Hause engagiert sich kommunalpolitisch für eine menschlichere Sozialpolitik und betreibt sein Antiquitätengeschäft nicht nur als Broterwerb, sondern auch aus Leidenschaft. Mutter Vera hat ihren Beruf als Krankenschwester zwar aufgegeben – sie führt den Haushalt und versorgt den Nachzügler Thommi –, aber sie kann ihren Mann im Geschäft durchaus vertreten und verfügt, anders als die Käthe Scholz der »Unverbesserlichen«, in der »Familienkonferenz« über eine eigene, sogar recht durchsetzungsfähige Stimme. Die beiden erwachsenen Kinder der Drombuschs – Chris ist Streifenpolizist und muss sich mit gewaltbereiten Demonstranten der linken Alternativszene auseinandersetzen, Marion arbeitet als Sprechstundenhilfe, träumt aber von einer Karriere als Popsängerin – nennen ihre Eltern beim Vornamen, was den Erziehungsstil der Drombuschs als aufgeklärt beschreiben soll.

Freilich wird gleich in der Auftaktfolge zu Weihnachten 1983 deutlich, dass auch diese so diskussionsfreudige Familie nicht vor überhöhten Erwartungen und bitteren Enttäuschungen gefeit ist: Obwohl ausgemacht war, die Feiertage gemeinsam zu verbringen, haben sich Chris und Marion heimlich anderweitig verabredet. Als darum ein Streit entbrennt, erinnert Marion ihre Eltern an deren eigenen antibürgerlichen Erziehungsideale: »Du hast doch selbst immer gesagt, als Thommis Freund an Weihnachten nicht zu uns durfte: ›An Weihnachten zeigt sich's, wo die Egoisten sind!‹« Auch Chris wirbt bei seinen Eltern um Verständnis: die »spießige« Familie seiner Freundin bestehe nun mal auf ein gemeinsames Weihnachtsfest. Aber Mutter Vera widerspricht: »Mit anderen Worten: Wir sind nicht spießig. Dafür sind wir an Heiligabend allein – mit Oma!« Statt ihre Kinder zum Bleiben zu verpflichten, tut sie es ihnen zur Verblüffung der anderen einfach gleich: Lautstark pocht Vera auf ihre Autonomie. Wie Chris und Marion will auch sie sich jetzt der jährlichen »Pflichtübung«, Siegfrieds verwitwete Mutter bis zum Neujahrstag zu beherbergen, entziehen: »Jahr für Jahr züchten wir hier verzweifelt hehre Weihnachtsfreuden. Wenn ich nur an letztes Jahr denke, eine einzige Katastrophe war das doch. Genau das ist der Punkt! Solche Weihnachten finden nicht mehr statt. Ich streike!«

Aber die ostentative Abkehr von den kleinbürgerlichen Normhandlungen bringt den Drombuschs so wenig Glück wie den Scholzens ihr Totogewinn. Das schlechte Gewissen gegenüber der alleinstehenden Oma Drombusch siegt schließlich über das eigene Autonomiebedürfnis, pflichtschuldig wird die Ausladung wieder rückgängig gemacht. Die gemeinsam mit Oma verbrachte Neujahrsnacht endet freilich in einer kollektiven Enttäuschung, die individuellen Bedürfnisse sind nicht mehr zur Deckung zu bringen: Die alte Dame möchte im Kreise der Familie ein Radiokonzert anhören, Siggi würde gerne mit seinem Jüngsten böllern gehen, Vera hätte den Abend lieber allein mit ihrem Mann verbracht.

»Je mehr man haben, machen, sein kann«, beschreibt der Soziologe Gerhard Schulze die neue gesellschaftliche Gemengelage, »desto besser scheint es einem zu gehen. Allerdings gibt es Anzeichen dafür, dass mit der Vereinfachung des Weges zu immer mehr potentiellen Zielen die Schwierigkeit, ein sinnvolles Leben zu führen, zunimmt.« In den zehn Jahren, in denen »Diese Drombuschs« mit Unterbrechungen auf Sendung sind, wird es immer wieder um diese Schwierigkeit gehen: Veras Schicksal ist nicht mehr von Zwangsläufigkeiten bestimmt, sie lebt vielmehr einen Lebensentwurf (von vielen möglichen). Im Gegensatz zu Käthe Scholz hat Vera Drombusch nicht zu wenige, sondern zu viele Handlungsmöglichkeiten. Ständig wird sie vor die Wahl gestellt, und nicht selten trifft sie die falsche Entscheidung: Gegen den Willen ihres Mannes führt Vera das aufwändige Umbauprojekt einer denkmalgeschützten Mühle weiter und treibt die Familie damit in den wirtschaftlichen

Rastlose Sinnsuche: Diese Drombuschs

Ruin; als Siggi mit einem Herzinfarkt im Krankenhaus liegt, löst sie eigenmächtig das Geschäft in der Stadt auf, und auch nach dem plötzlichen Tod ihres Mannes wird sie mit ihren Alleingängen mehrfach ihre Existenz aufs Spiel setzen. Während Käthe Scholz zwischen Gestaltungswillen und Schutzbedürfnis hin- und hergerissen war, schwankt Vera Drombusch zwischen Selbstverwirklichung und Pflichtgefühl: Ihr emanzipatorischer Selbstbestimmungsdrang macht diese Mutter im Umgang mit ihrer Familie zu einer oft selbstgerechten, nachtragenden – im Verhältnis zu ihrer Schwiegermutter sogar unerbittlichen – Frau. Damit wird sich Vera schließlich in eine abgründige Einsamkeit manövrieren; Autor Stromberger lässt sie vorübergehend in Depression und Tablettenabhängigkeit versinken und erspart ihr (und dem Publikum!) nicht einmal den Aufenthalt in der geschlossenen Psychiatrie.

Aber auch Veras Kinder sind völlig absorbiert von einer rastlosen Sinnsuche, die vor allem Marion von einem Unglück ins nächste stürzt. Unter der Prinzipientreue ihrer Mutter hat sie genauso zu leiden wie ihr Onkel Ludwig, der in Vera dauerverliebte Freund der Familie, und ihre Oma, die während der insgesamt 39 Folgen immer eine wichtige Nebenfigur der Serie geblieben ist. Margarethe Drombusch, wie Käthe Scholz Angehörige der »Trümmerfrauen«-Generation, hatte zwar vorübergehend einen Platz in Veras Familie gefunden, suchte nach dem Tod ihres Sohnes ihr Rentnerglück dann aber doch lieber in einer eigenen kleinen Seniorenwohnung. Zum Serienfinale 1993 verschafft ihr Autor Stromberger einen letzten großen Auftritt: Inzwischen an Altersdemenz erkrankt, kann Oma Drombusch endgültig nicht mehr alleine leben. Halb aus Mitgefühl, halb aus Pflicht holt Vera sie zu sich in die verwaiste Mühle, überlässt die alte Dame aber – wie schon zu Beginn der Serie – über die Weihnachtsfeiertage sich selbst. Prompt zündet die verwirrte Frau an Heiligabend nicht nur den Tannenbaum, sondern gleich das ganze Haus an. Die Mühle, Veras hart erkämpfte Existenzsicherung, brennt bis auf die Grundmauern ab. Oma Drombusch kann zwar gerettet werden, wird aber nun endgültig in ein Altersheim für geistig Verwirrte weggesperrt. Als Vera gemeinsam mit Onkel Ludwig den Brandschaden begutachtet, inszeniert Robert Stromberger das als eine Art »Stunde null«. Damit schließt sich der Generationen-Kreis, den das Fernsehen zwanzig Jahre zuvor mit Käthe Scholz aus den »Unverbesserlichen« zu ziehen begonnen hatte: Mit einem pathetischen Schlussakt mündet die erfolgreichste Familienserie der postmaterialistischen achtziger Jahre ausgerechnet in eine Wiederaufbau-Phantasie:

Vera: »So mag es unseren Eltern zumute gewesen sein ... im Krieg ... am Morgen danach. Nur zwei Hände voll Habseligkeiten ...«

Ludwig: »Sie hat es nicht gewusst!«

Vera: »Darum geht es nicht, Ludwig. Sicher, wenn die Stadt oder der Staat ihr einen passablen Heimplatz angeboten hätte, dann wäre das alles hier wahrscheinlich nicht passiert. Aber das ändert nichts daran, dass sie die Mutter von Siggi ist. Und unsere Mütter gehören in erster Linie zu uns.«

Ludwig (nach einer längeren Pause): »Was unsere Eltern geschafft haben, das schaffen wir auch. Vor allem bauen wir das Lokal wieder auf. Na, wir müssen ja von irgendwas leben! Und dann das Haus. Nicht so groß wie das alte, aber: Was kann uns schon passieren?

Vera (unter Tränen): »Nichts.«

4. Dumme zahlen mehr

Erste Verfremdungseffekte – Dieter Wedels Mehrteiler »Einmal im Leben – Die Geschichte eines Eigenheims« (1972) und »Alle Jahre wieder – Die Familie Semmeling« (1976)

Der windige Makler, der den ahnungslosen Städtern ein morastiges Moorgrundstück als »bestes Bauland« verkauft, ist den Fernsehzuschauern kein Unbekannter. Auch der rote Sportwagen, in dem der wortgewandte Herr Bertram seine Kunden durch das Hamburger Marschland fährt, hat schon einmal in einer anderen Serie mitgespielt. Mit der Besetzung von Gernot Endemann als Grundstücksvermittler der Familie Semmeling hat sich die Fernsehspielabteilung des NDR nämlich einen kleinen Insiderscherz erlaubt: Bis vor einem Jahr hatte der Schauspieler in der populären Fernsehspielreihe »Die Unverbesserlichen« Familie Scholzens nichtsnutzigen Sohn Rudi gespielt. In den Anfangsjahren war diese Figur auch recht positiv in Szene gesetzt worden, indem der talentierte Fußballprofi den Eltern immer mal wieder mit seinen üppigen Spielerprämien finanziell aus der Patsche geholfen hatte. Gegen Ende entwickelte sich der Sohn aber zunehmend zum schwarzen Schaf der Familie.

In Rudis auf Selbstverwirklichung bezogener Konsumorientiertheit spiegelte sich der radikale gesellschaftliche Wertewandel der späten sechziger Jahre: Nachdem eine Sportverletzung seine Profikarriere abrupt beendete, lag der junge Mann seinen Eltern lange auf der Tasche. Notorisch pleite und bar jeder Zukunftsperspektive lebte er schließlich mit seiner Freundin und dem gemeinsamen Kind in einer »wilden Ehe« – weil er Dagmar schließlich »ohne Kind auch nicht geheiratet hätte«. An diesem »Bengel«, wie Rudi von seiner Mutter Käthe stets halb liebevoll, halb tadelnd genannt wurde, hatte Autor Robert Stromberger die »Fundamentalliberalisierung« der westdeutschen Gesellschaft (Habermas) festgemacht, die mit einer gewissen Verzögerung – und unbelastet vom theoretischen Überbau der »Frankfurter Schule« – schließlich auch das Kleinbürgertum erreicht hatte: Während Rudis geschiedene Schwester Doris noch die bürgerlichen Normvorstellungen akzeptiert und sehnsuchtsvoll auf eine gesellschaftliche Reintegration durch Wiederheirat gehofft hatte, lebte der kleine Bruder das freizügige Leben der APO-Generation nach.

Als Gebrauchtwagenhändler hatte Rudi Scholz schließlich nach dem Prinzip »Dumme zahlen mehr« naiven Kunden die ältesten Autos zu Höchstpreisen verkauft. Nun also steht Gernot Endemann als Makler Bertram auf einer matschigen Kuhwiese und preist den Semmelings die öde Marschlandschaft als perfektes Familienidyll an: Trude Semmelings Befürchtungen, hier am zersiedelten Stadtrand zu vereinsamen, zerstreut Bertram mit ein paar angelesenen Soziologenphrasen: »Gerade hier haben Sie ja viel mehr menschliche Kontakte als in der Großstadt. Das kommunikative Element ist ja gerade auf dem Lande ausgeprägt.«

Die Idee zu dem Fernsehmehrteiler »Einmal im Leben – Die Geschichte eines Eigenheims« geht auf den NDR-Fernsehspielchef Dieter Meichsner zurück und entsteht durch einen Zufall: Meichsners Produktionsleiter Günter Handke – er zeichnet beim NDR unter anderem für die »Unverbesserlichen« verantwortlich – baut 1970 ein Haus. Weil bei dem gefährlich unterfinanzierten Bauvorhaben ständig etwas schiefgeht, ist Handke bei den Dreharbeiten zu Dieter Wedels erstem großen Fernsehfilm »Gedenktag« oft nicht recht bei der Sache. Später erinnert sich der Regisseur, »dass ich häufig nach den Dreharbeiten Dieter Meichsner in seinem Büro aufsuchte und wir uns klammheimlich amüsierten über die Finanzierungsnöte und den Handwerker-Ärger des von uns so geschätzten Produktionsleiters Handke. Eines Tages fragte mich Meichsner, ob ›Hausbau‹ nicht ein Thema für einen Fernsehfilm wäre.«

Der langjährige Chefdramaturg Dieter Meichsner ist erst vor kurzem Leiter des NDR-Fernsehspiels geworden. Er ist Egon Monk nachgefolgt, der nach Jahren am »Berliner Ensemble« beim NDR gemeinsam mit John Olden die »Hauptabteilung Fernsehspiel« aufgebaut und maßgeblich bestimmt hat, nun aber als Intendant des Hamburger Schauspielhauses zum Theater zurückkehren will. Der »Brecht-Schüler« Monk hat dem NDR-Fernsehspiel einen deutlich gesellschaftspolitischen Akzent verliehen. Wie er in einem Zeitschrifteninterview mit dem bezeichnenden Titel »Private Leidenschaften interessieren mich nicht« formulierte, sollten die Fernsehspiele die Urteilsfähigkeit der Zuschauer in gesellschaftlichen Fragen erhöhen. Seine »Hamburger Dramaturgie« erzählt deshalb parabelhaft und setzt sich analytisch mit der jüngeren deutschen Geschichte (»Ein Tag – Bericht aus einem deutschen Konzentrationslager 1939«) und zeitgenössischen Situation der Arbeiterklasse (z. B. in »Wilhelmsburger Freitag«) auseinander. Dieter Meichsner setzt ab 1970 diese Erzähltradition fort, verlegt aber den Schwerpunkt auf die Beschäftigung mit Gegenwartsstoffen: Er will künftig »im einzelnen die Einsichten, die Ahnungen dingfest machen, die eines Tages vielleicht die Gemütslage der ganzen Gesellschaft werden umspringen lassen«. Das Bauvorhaben seines Mitarbeiters Handke kommt Meichsner da gerade recht, denn wie der Produktionsleiter haben inzwischen Hunderttausende in den Vorstädten einen kleinen Bauboom ausgelöst.

Die systematische Bombardierung deutscher Städte hat nach Kriegsende ein massives Wohnraumproblem hinterlassen. In Hamburg, dem Spielort von »Einmal im Leben«, steht 1946 lediglich für die Hälfte der 1,4 Millionen Bewohner intakter Wohnraum zur Verfügung. Den vielen Familien, die in Kellern, Ruinen oder Behelfsheimen hausen, muss möglichst rasch und kostengünstig eine neue Bleibe in Aussicht gestellt werden. Baupolitik ist für die Adenauer-Regierung auch angewandte Familienpolitik, 1953 stellt ein Hamburger Baudirektor die schlichte Gleichung auf: »Höhere Wohnkultur – mehr Kinder«.

Das Kriegserlebnis der brennenden engen Stadtfluchten führt in den fünfziger Jahren zu dem neuen stadtplanerischen Ideal der weiträumigen, »aufgelockerten« (später: »autogerechten«) Stadt. Im Ergebnis bringt das ehrgeizige Wiederaufbauprogramm aber vor allem eine »unwirtliche Stadt« hervor, wie der Psychoanalytiker Alexander Mitscherlich schon 1965 kritisiert: »Wenn irgendwo freie Marktwirtschaft versagt hat, dann auf dem Gebiet des Neuaufbaus unserer Städte. Wenn irgendwo mit dem Gebrauch des Wortes ›sozial‹ Schindluder getrieben wurde, so im sogenannten sozialen Wohnungsbau.« 1971 gibt der »Deutsche Städtetag« den Appell »Rettet unsere Städte jetzt!« aus und rückt so die Bedeutung einer intakten kulturellen und sozialen Infrastruktur ins öffentliche Bewusstsein. Nun geraten die modernen Trabanten- und Gartenstädte in Misskredit, die bislang als städteplanerische Lösung des Wohnungsproblems gegolten haben: Eine Meinungsumfrage »So möchte ich wohnen« im Auftrag der »Neuen Heimat« hatte nämlich bereits 1955 ergeben, dass die Großstädter am liebsten in einem »durchgrünten Vorort« wohnen würden. Das gewerkschaftseigene Wohnungsunternehmen plante daraufhin im großen Stil Garten- und Pendlersiedlungen. Aber wie sich bald zeigt, bleibt die »begrünte Hochhaussiedlung mit guter Verkehrsanbindung« die Wohnform der Alleinstehenden: Die meisten »Mehrpersonenhaushalte« bevorzugen weiterhin das »bodennahe Wohnen im Eigenheim«.

Mit Hochkonjunktur und Vollbeschäftigung ist in den sechziger Jahren für viele Familien der »Traum von den eigenen vier Wänden« in greifbare Nähe gerückt. Der anhaltende Arbeitskräftemangel hat die Position der Gewerkschaften gestärkt. Zum Teil werden zweistellige Tarifabschlüsse erzielt, im Baugewerbe steigen die Löhne 1970 um 7,5 Prozent. Im Zuge des allgemeinen Baubooms sind in den sechziger Jahren aber auch die Grundstückspreise explodiert: Kostete ein Quadratmeter Bauland 1961 im Durchschnitt noch 13,60 DM, muss ein Bauherr 1968 für das gleiche Land bereits 30,10 DM zahlen. Auch Mieter sind von dieser Preissteigerung indirekt betroffen: In Hamburg steigen die Mieten zwischen 1962 und 1971 um 78 Prozent. Zum Ende des Jahrzehnts erlahmt die Binnenkonjunktur, und die Verbraucherpreise steigen aufgrund einer weltweiten Inflation 1970 gegenüber dem Vorjahr um fast vier Prozent.

So treten immer mehr Bundesbürger die »Flucht in den Sachwert« an. Auch Bruno Semmeling, der Held aus Dieter Wedels Mehrteiler »Einmal im Leben«, wird durch eine empfindliche Mieterhöhung zum Handeln gezwungen. Zunächst beschließt er, lieber seine beengte Altbauwohnung zu kündigen als 160 Mark mehr zu bezahlen. Aber wie schon der Berliner Rentner Kurt Scholz in der Folge »Die Unverbesserlichen und ihr Stolz« leidvoll erfahren hatte, ist auch für den Hamburger Angestellten Bruno Semmeling ein Umzug kein Ausweg. Der Wohnungsmarkt ist trotz Wuchermieten angespannt. Im Büro rät man dem Diplom-Ingenieur deshalb zum Eigenheim.

Der Kollege: »Das ist doch die beste Kapitalanlage! Das Geld verliert seinen Wert, das Haus steigt ständig.«

Der Vorgesetzte: »Sie zahlen auf Ihr eigenes Konto: Die Miete ist verloren. Aber mit jeder Abzahlungsrate gehört Ihnen wieder ein Stück mehr von Ihrem Haus.«

Die Sekretärin: »Vor allem ist es eine gute Vorsorge fürs Alter. Wenn Ihnen mal was passiert – daran muss man ja auch denken! –, hat Ihre Frau wenigstens eine Bleibe.«

So gibt Semmelings zuteilungsreifer Bausparvertrag letztlich den Ausschlag. Nach dem Prinzip »Ansehen kostet ja nichts« nimmt er Kontakt mit Grundstücksvermittler Bertram auf. Nach Feierabend erkunden Trude und Bruno jetzt gemeinsam mit ihrem Makler die Umgebung von Hamburg. Als Semmelings sich an einem abgelegenen Waldgrundstück interessiert zeigen, gibt Makler Betram dem Bauern hinter dem Rücken der Semmelings – aber für die Zuschauer bestens nachvollziehbar – Tipps, wie er das Interesse der Semmelings schüren und so einen möglichst hohen Preis erzielen kann. Als die Verhandlungen abgeschlossen sind und beide Seiten mit dem befriedigenden Gefühl, ein gutes Geschäft gemacht zu haben, zu ihren Autos gehen, kehrt der Makler noch einmal in Richtung Kamera zurück. Seine nächsten Sätze richten sich direkt an das Fernsehpublikum:

Bertram: »Ja, ja, jetzt heißt es gleich wieder: ›Die bösen Makler tricksen mit allen Mitteln, treiben die Grundstückspreise hoch und dadurch steigen die Mieten.‹ Also erstens: Die Mieten steigen durch die hohen Baukosten. Und zweitens: Wenn heute ein Makler auf einen grünen Zweig kommen will, dann muss er seine Leute schon fest an der Hand haben, deren Land er in den Bebauungsplan der Gemeinden reinzudrücken versucht. Dazu braucht er Beziehungen zu den Mitgliedern des Bauausschusses. Und diese müssen ja auch irgendwie Interesse an so einer Sache gewinnen. Große Baugesellschaften ... Genossenschaften ... also, was die kaufen! Da könnte ich Ihnen Dinge erzählen ... (zögert) ... na ja ... (winkt ab) ... also, unsereins braucht Beziehungen. Sobald man weiß, welches Land Bauland wird, setzt man sich mit dem Bauern in Verbindung und gleicht den Preis der allgemeinen Nachfrage an, mehr nicht. (Wendet sich wieder ab. Bereits im Gehen:) Das müsste mal klargestellt werden!«

Makler Bertram ist die erste von vielen weiteren Filmfiguren, die hier etwas klarzustellen haben. Dieter Wedel erzählt seine Eigenheimgeschichte nämlich mit den Stilmitteln des epischen Theaters: Er blendet Infotafeln ein, lässt seine Hauptfiguren das Geschehen mit einem Off-Text kommentieren – vor allem aber wechselt Wedel mitten in einer Szene unvermittelt die Erzählperspektive, lässt Semmelings Gegenspieler aus der Handlung heraustreten und sie ihre Sicht der Dinge erklären. Was dem Publikum eben noch aus dem Blickwinkel der Semmelings unverständlich, ärgerlich oder unzulässig erschien, wird nun aus der Warte des Maklers, des Handwerkers, Bauunternehmers oder Architekten plausibel, notwendig oder doch zumindest menschlich verständlich.

Die direkt an die Zuschauer gerichteten Kommentare stehen in der Tradition der Brecht'schen Verfremdungseffekte, soll dieses »Beiseite ad spectatores« doch die Illusion des Schauspiels für einen Moment unterbrechen und den Zuschauer zum eigenständigen Nachdenken anregen. Der promovierte Theaterwissenschaftler Dieter Wedel setzt damit übrigens auch seine eigenen Perspektivwechsel während der Drehbuchrecherchen dramaturgisch um: »Ich suchte die Handwerker unseres Produktionsleiters auf und befragte sie zu dessen Hausbau. Meistens winkten sie entsetzt ab: Der Mann begriff ja nicht, dass sie an Einzelhäusern kaum etwas verdienten, ein solches Bauvorhaben nur irgendwie zwischen ihren anderen Groß-Projekten einschieben konnten; begriff nicht, dass auch sie von Angestellten abhängig waren, die sie häufig genug im Stich ließen – es war die Zeit völliger Überbeschäftigung –; begriff nicht, dass die Koordination der einzelnen Gewerke bei einem Hausbau immer der Quadratur des Kreises gleichkommt, sie aber trotzdem bis jetzt beinahe jedes Haus irgendwie fertig gebaut hatten. Am meisten schimpften sie über die Ehefrau des Bauherrn, die dauernd auf dem Bau herumwuselte, sie beaufsichtigen und kontrollieren wollte, aufzuräumen versuchte und ihre Ordnung durcheinander brachte.«

Der Dreiteiler, den Wedel gemeinsam mit Günter Handke entwickelt, dramatisiert beispielhaft diese Interessenkonflikte: Während der Bauherr Semmeling bald nachts nicht mehr ruhig schlafen kann, weil er inzwischen doppelt zahlt – noch die Miete und schon die Baukredite –, gerät Bauunternehmer Wumme (Günter Strack) in Bedrängnis, trotz steigender Lohn- und Materialkosten seinen Kostenvoranschlag einzuhalten. Während die Semmelings für das Richtfest ihre letzten finanziellen Reserven mobilisieren, wäre der Polier (Uwe Dallmeier) lieber daheim bei Frau und Kind, statt auch noch seinen Feierabend auf der Baustelle zu verbringen. Während Bruno Semmeling in den großen Ferien zu Hause bleibt und sich über das »beste Bauwetter« freut, steht auf der Baustelle alles still: Die Handwerker sind mit ihren Familien in den Urlaub gefahren. Dem Architekten, der dem Bauherrn vor der Bauabnahme rät, mit allerlei Reklamationen zehn Prozent der Baukosten einzubehalten, um so die ins Rutschen geratende Finanzierung wieder aufzufangen, stehen die Handwerker gegenüber, die diesen »Rabatt« bereits beim Kostenvoranschlag auf den Endbetrag aufschlagen. Zur Ehefrau, die die Baustelle sauber hält, gehört der Verputzer, der nach Akkord bezahlt wird und deshalb die Fensterrahmen nicht abkleben will. Und zum »Traum von den eigenen vier Wänden« der streitsüchtige Nachbar, mit dem sich Semmeling nur per Rechtsanwalt einigen kann.

Aufgrund diverser Widrigkeiten, Planungsfehler und Schlampereien verzögert sich die Fertigstellung des Eigenheims um mehrere Monate. Bruno Semmeling wird völlig überschuldet sein, wenn er endlich sein Traumhaus bezieht. Aber er ist nicht das einzige Opfer, das dieses Bauvorhaben gekostet hat: Sein Sohn hat die Versetzung nicht geschafft, weil sich ein ganzes Jahr lang niemand mehr um ihn gekümmert hat; sein Architekt hat sich aus der Selbstständigkeit in eine Bürogemeinschaft geflüchtet, weil sich beratungsintensive Einfamilienhäuser für den Freiberufler nicht mehr rechnen; der Elektriker – er war der einzige pünktliche, zuverlässige und ehrliche Handwerker auf Semmelings Bau – hat Konkurs anmelden müssen.

Mit der Baugeschichte der Familie Semmeling gelingt dem NDR eine wichtige ästhetische und dramaturgische Erneuerung des zeitkritischen Fernsehspiels: Die Parabel über die »Notwendigkeit des Kompromisses« (Wedel) ist nicht nur analytisch und lehrreich, sondern auch kurzweilig und unterhaltend. »Einmal im Leben« wird im Januar 1972 an drei aufeinander folgenden Freitagen in der ARD ausgestrahlt und ist ein überwältigender Publikumserfolg. Solche »Straßenfeger« sind längst keine Selbstverständlichkeit mehr. Seit 1963 das ZDF seinen regulären Sendebetrieb aufgenommen hat, haben sich zunächst unmerklich, dann für alle spürbar die Akzente verschoben. Zwar ist das Fernsehen mit knapp 15 Millionen Teilnehmern jetzt praktisch in jedem Privathaushalt präsent und zum unangefochtenen »Leitmedium« avanciert; auch hat sich 1970 die durchschnittliche Nutzungsdauer von einer guten Stunde (1964) auf fast zwei Stunden pro Tag annähernd verdoppelt, aber der steigenden Sehdauer steht ein ungleich stärker anwachsendes Programmangebot gegenüber. Das Fernsehpublikum hat angefangen, auszuwählen – und es bevorzugt die unterhaltenden Sendungen.

Von Anfang an hat das ZDF sein zunächst noch lückenhaftes Programm mit amerikanischen Fernsehserien und Kinospielfilmen ergänzt; weil der Sender aber keinesfalls nur als »Heimkino für Bequeme« (ZDF-Jahrbuch 1962) wahrgenommen werden will, entwickelt die Unterhaltungsabteilung unter der Leitung von Otto Meissner eine Reihe populärer Musik- und Showprogramme. Bereits 1965 kann das ZDF so an jedem dritten Abend die Mehrheit der Zuschauer an sich ziehen. Zu Beginn der siebziger Jahre reicht die Programmpalette von Hans Rosenthals harmlosem Prominentenspiel »Dalli-Dalli« bis zu Dietmar Schönherrs provokativer Skandalshow »Wünsch dir was«. Die beiden öffentlich-rechtlichen Programme haben sich zwar zu einem »Kontrastprogramm« verpflichtet – die vom »Unterhaltungsslalom« der Zuschauer besonders bedrohten Programmsparten wie politische Magazine oder zeitkritische Fernsehspiele erhalten im Programm unterhaltungsfreie Schutzzonen –, aber insgesamt steigt doch in den Fernsehspiel-Redaktionen der Druck: Nachdem man jahrelang gewohnt war, »kostbare Inhalte« (Adolf Grimme) auszusenden, muss das Publikum nun mit einem »attraktiven Angebot« erst einmal erreicht werden.

Die neuen Herausforderungen beschleunigen den Generationswechsel. Auch beim WDR, dem zweiten wichtigen Fernsehspiel-Produzenten innerhalb der ARD, hat er inzwischen stattgefunden: Der neue WDR-Hauptabteilungsleiter »Fernsehspiel« hält nicht viel von den theaterähnlichen Studioinszenierungen früherer Jahre und ihrem nachgestellten Realismus. »Wer Zeitstücke machen will«, findet Günter Rohrbach, »muss in der Regel die Möglichkeit haben zu filmen.« Rohrbach pflegt gute Kontakte zu den Regisseuren des »Neuen deutschen Films«: Mit Wim Wenders, Rainer Werner Fassbinder, Edgar Reitz und Hans W. Geißendörfer entsteht eine fruchtbare Zusammenarbeit, die ab 1974 durch das »Film-Fernseh-Abkommen« weiter befördert wird. Wie Dieter Meichsner in Hamburg will sich auch Günter Rohrbach in Köln nicht ohne Gegenwehr dem Unterhaltungszwang beugen, sondern unter den neuen, verschärften Wettbewerbsbedingungen an der Produktion gesellschaftsrelevanter Stücke festhalten: »Das Fernsehspiel sollte teilhaben an der Politisierung der Öffentlichkeit, statt für die entgangene Mitsprache erbauliche Kompensation zu schaffen«, erklärt er 1968. Um dem Publikumsgeschmack entgegenzukommen, experimentiert Rohrbachs Abteilung mit populären Genres: Der WDR-Redakteur Gunther Witte initiiert

1970 die sozialkritische Krimireihe »Tatort«, der Journalist und Autor Wolfgang Menge schreibt spannende Science-Fictions wie das szenische Dokumentarspiel »Smog« (1973), das die sich ausbreitende Luftverschmutzung thematisiert und die unzureichenden polizeilichen Notfallpläne für das Ruhrgebiet zum Ausgangspunkt für einen Katastrophenfilm nimmt. Rainer Werner Fassbinder dreht für den WDR die Familienserie »Acht Stunden sind kein Tag« (1972), und Wolfgang Petersen inszeniert das schwule Melodram »Die Konsequenz«, bei dessen Ausstrahlung 1977 sich der Bayerische Rundfunk aus dem ARD-Programm ausklinken wird. Auch Dieter Wedels »Einmal im Leben« macht Schlagzeilen, der NDR-Mehrteiler löst einen Aufschrei in der Baubranche aus. Architekten und Bauunternehmer erwägen »rechtliche Schritte«, machen diese Drohung dann aber doch nicht wahr.

Mit »Einmal im Leben« hatte Dieter Wedel ein provokantes Lehrstück über die Notwendigkeit zum Kompromiss schreiben wollen, denn – so der Regisseur in seinen Erinnerungen: »Vergessen wir nicht: Damals, während der 68er-Bewegung, galt der Kompromiss als verwerflich – ›liberale Scheiße!‹ –, Kompromissbereitschaft war Beleg für mangelnde ideologische Linientreue.« Die begeisterten Zuschauer sehen in seiner Eigenheim-Geschichte aber weniger das zeitkritische Thesenstück, sie haben vor allem »viel schöne Schadenfreude« (»Spiegel«) daran gehabt. Vier Jahre nach »Einmal im Leben« wird der NDR deshalb das Thema erneut durchspielen: Diesmal lässt Wedel die Semmelings in den Wintersport fahren. Und wieder plaudern der Reisebürokaufmann, der Hotelier, der Reiseleiter und der Skilehrer in augenzwinkernder Vertraulichkeit die Interna der Tourismusbranche aus. Aber anders als vor vier Jahren, als der Bauherr Semmeling noch sympathisch arglos in das »Abenteuer Hausbau« gestolpert war und damit die Zuschauer zum medialen Mitleiden eingeladen hatte, sind

Distanz schaffende Verfremdungseffekte diesmal gar nicht mehr nötig. Denn in der Fortsetzung hat Dieter Wedel seine Hauptfiguren ein entscheidendes Stück weiter ins Groteske überzeichnet und aus den gutwilligen Bauherren finanzschwache, aber anspruchsvolle Pauschaltouristen gemacht, die nicht mehr von den anderen übers Ohr gehauen werden, sondern jetzt ein ums andere Mal über ihre eigenen Füße stolpern. Nun kritisiert der »Spiegel« diese Akzentverschiebung ins Komödiantische als Abkehr vom aufklärerischen Anspruch: »Wenn Bruno immer noch mal wieder in einen falschen Zug umsteigt (den des Reiseveranstalters hat er eh versäumt), wenn nach jeder Warnung ›Pass auf, es ist glatt!‹ die Familie wieder in den Schnee kollert, wenn der Held beim Ski-Kurs als ein winterlicher Monsieur Hulot slapstickt – dann suspendieren hier Scherz und Satire deutlich die konsumeristische Aufklärung. Für so schusselig wie Semmeling wird sich schwerlich ein Zuschauer halten mögen.«

Auch »Alle Jahre wieder« wird ein beachtlicher Publikumserfolg, geht aber nur noch als »Urlaubsulk« (»Stern«) in die Fernsehgeschichte ein. Eine für 1979 geplante dritte Fortsetzung, in der Frau Semmeling ins Krankenhaus geschickt werden sollte, setzt der NDR nicht mehr um. Wedel wendet sich mit »Mittags auf dem Roten Platz« (NDR 1978) vorübergehend dem Dokumentarspiel zu, bleibt aber mit populären Mehrteilern wie »Wer den Schaden hat ...« (1981), »Der große Bellheim« (1993) oder »Der König von St. Pauli« (1998) über Jahrzehnte hinweg Meister der großen Erzählform.

Erst im Jahr 2001, also dreißig Jahre nach »Einmal im Leben«, rückt Dieter Wedel seine Semmelings ein letztes Mal ins Licht einer völlig veränderten Fernsehöffentlichkeit. Nur Bruno Semmeling (Fritz Lichtenhahn) ist noch ganz der Alte: Wieder einmal ist er verzweifelt, sein endlich abbezahltes Eigenheim ist giftverseucht, eine hohe Steuernachzahlung droht zudem, den mühsam aufgebauten Besitz aufzufressen. Im Keller schaut der Hausherr sich noch einmal fast vergessene Super-8-Filme, Erinnerungen aus glücklicheren Tagen, an: Grundsteinlegung ... Richtfest ... die vielen kleinen Freuden und Nöte des Hausbaus vor dreißig Jahren ziehen vorüber. Aber was da als kurzes Déjà-vu an die Kellerwand geworfen wird, ist nicht viel mehr als eine wehmütige Erinnerung an längst vergangene Fernsehzeiten. Im Zielgruppenfernsehen der Jahrtausendwende sind auch Wedels Geschichten prächtiger und abgründiger geworden: Im Mittelpunkt von »Die Affäre Semmeling« stehen jetzt Semmelings erwachsener Sohn Siggi und seine Verstrickungen in den Hamburger Polit-Filz. Aber nicht alles, was der NDR mit »Einmal im Leben« geschaffen hat, ist 2001 vom Zeitgeist hinweggefegt worden. Die Szenen vor dem Bungalow der Semmelings kann Dieter Wedel am Originalschauplatz drehen: Für die Filmarbeiten hatte der NDR damals eigens zwei Einfamilienhäuser bauen lassen.

5. Geschminkte Proleten

Unterschichtenfernsehen! Rainer Werner Fassbinders »Acht Stunden sind kein Tag«(1972) und Wolfgang Menges »Ein Herz und eine Seele« (1973)

Das Schlussbild, mit dem das Fernsehen die Familie Semmeling 1972 in ihr Stadtrandglück entlassen hat, ist bissig: Die billigen Polsterelemente der futuristischen »Wohnlandschaft« erweisen sich als unbequem, der offene Kamin zieht nicht. Hustend flüchten sich die Gäste der Einweihungsparty ins Freie. Semmelings Architekt hatte das Desaster bereits in der ersten Folge von »Einmal im Leben« kommen sehen: »Aber nein, die wollen ja alle ihre großen Wohnzimmer, die sie dann nachher gar nicht möblieren können, weil die Möbelindustrie sich längst auf die kleinen Wohnungen eingestellt hat. Und dann der Kamin! Der muss natürlich rein – koste es, was es wolle! Ein Haus ohne Kamin ist ja ne Sozialbauwohnung!«

Das offene Feuer im Wohnzimmer ist zum Statussymbol der bürgerlichen Mittelschicht geworden, seit die Zentralheizung den Kohleofen weitgehend ersetzt hat. Der verträumte Blick in den Kamin gilt aber auch deshalb als besonders kultiviert, weil sich das gemeine Volk inzwischen jeden Abend vor dem elektronischen Lagerfeuer des Fernsehens versammelt. 95 Prozent aller bundesdeutschen Haushalte verfügen jetzt über ein Fernsehgerät, und der Medienkonsum hat die Alltagsgewohnheiten messbar verändert: Wie erste repräsentative Zuschauerforschungen bestätigen, schlafen die Deutschen jetzt wegen des Fernsehens pro Woche eine Stunde weniger, und vielerorts wird das Abendbrot nicht mehr in der Küche, sondern am Couchtisch vor dem Fernseher eingenommen. Während die Innenarchitekten variable Polsterelemente propagieren, die sich individuell zu kommunikativen »Sitzgruppen« zusammenschieben lassen, bewegt sich in deutschen Wohnzimmern in Wahrheit gar nichts mehr: Aus dem lebendigen »Kreis der Familie« ist ein regloser Halbkreis geworden. Wie die Forscher beobachten, hat sich sogar bei den Mahlzeiten die »normale Tischordnung so verändert, dass die Sicht auf den Bildschirm für alle Beteiligten offen bleibt«. Das besorgt die Soziologen: »In vielen großstädtischen Familien bildet das Abendessen die einzige Gelegenheit, wo sich Eltern und Kinder, die tagsüber vielfach einen getrennten Aufenthalt haben, im Kreis zusammenfinden. Wenn diese Tischrunde neuerdings durch das Fernsehen aufgelöst wird, dann ist auch der letzte Rest an verbliebener Gemeinsamkeit aus dem Tagesablauf der Familie verschwunden.«

War das Fernsehen in den fünfziger Jahren noch als integrativer »Zauberspiegel« wahrgenommen worden, weil das Programm die Familien abends im Wohnzimmer zusammenführte, gerät es nun als kommunikationshemmende und Zeit verschlingende »Röhre« in Misskredit. Der »Spiegel« gibt eine Umfrage zum »Freizeitverhalten der Deutschen« in Auftrag und kommt zu dem Ergebnis: Der halbe Feierabend der Familie geht mit Fernsehen drauf. »Das Fernsehgerät gehört zur Familie, es regiert den Abend. Die Unterhaltung mit Frau und Kind wird zum Pausenfüller und zum Programm-Ersatz oder wird nebenbei erledigt, den Bildschirm fest im Blick.« Einer anderen Untersuchung zufolge ist der tägliche Kampf ums Fernsehen zum häufigsten Anlass für Familienstreits geworden. Andererseits verfügen seit der Einführung des Farbfernsehens 1967 inzwischen immer mehr Haushalte über ein Zweitgerät: Man hat sich einen »Bunten« angeschafft, den alten, noch funktionstüchtigen Schwarz-Weißen aber behalten. Endlich kann der Familienstreit um das »richtige« Programm geschlichtet werden, ohne dass man sich auf einen gemeinsamen Fernsehabend einigen muss.

So oder so, schwarz-weiß oder farbig, hier oder dort: Was das Fernsehen ausstrahlt, erlangt eine Bedeutung, die alles andere in den Schatten stellt. Halb ehrfurchtsvoll, halb kulturpessimistisch rechnet der »Spiegel« seinen Lesern vor: »›Ekel Alfred‹-Darsteller Heinz Schubert müsste im ausverkauften Deutschen Schauspielhaus zu Hamburg 44 Jahre lang täglich auftreten, sollten ihn dort so viele Zuschauer sehen, wie es im Schnitt bei einer Sendung ›Ein Herz und eine Seele‹ geschah.« Und während nur jeder vierte Bundesbürger dem Medium Zeitung glaubt, dass es »die Dinge immer so wiedergibt, wie sie in Wirklichkeit sind«, hält jeder zweite die Berichte im Fernsehen für wahrheitsgetreu.

Nicht zuletzt aus solchen Umfrageergebnissen speisen sich die Manipulationsvorwürfe der progressiven Linken gegen die »Bewusstseins-Industrie« (Hans Magnus Enzensberger). Dem passiven Konsumverhalten der Massen soll mit Medienwerkstätten und medienpädagogischen »Mitmach«-Sendungen entgegengewirkt werden. Die Redakteure in den Sendeanstalten, selbst nicht unbeeindruckt von ihrem wachsenden Einfluss, lassen sich gerne auf allerlei selbstkritische Programmexperimente ein. Der WDR entwickelt 1972 die mediendidaktische Reihe »Glashaus TV-intern«, im ZDF heißt es zwei Jahre später »betrifft: Fernsehen«. In Zusammenarbeit mit Studenten der FU Berlin wird hier 1976 das Experiment »Vier Wochen ohne Fernsehen« entwickelt, das alle Theorien vom »repressiven Mediengebrauch« der Unterschicht ein für alle Mal zu bestätigen scheint: Zwei Berliner Arbeiterfamilien, Familie Völkers und Familie Schneider, haben sich bereit erklärt, für einen Monat auf ihre Fernsehapparate zu verzichten. Die Dokumentation beschreibt den Fernsehgebrauch der Schichtarbeiter als »eskapistisch« – sie schalten ein, um vom Alltag abzuschalten. Mit ihren detaillierten Videoprotokollen machen die FU-Studenten anschaulich, wie schwer es den Industriearbeitern fällt, ihren Alltag plötzlich »selbstbestimmt« zu bewältigen:

Während die Völkers aus Langeweile immer wieder ihre Verwandtschaft besuchen, »bis die uns gefragt haben, ob wir krank sind«, empfindet Frau Schneider den Fernsehentzug als »Katastrophe« für ihre Ehe. Weil man sich ohne Fernsehen plötzlich mehr unterhalten muss, haben die häuslichen Kräche erheblich zugenommen.

Selbstkritische Sendungen wie »Vier Wochen ohne Fernsehen« erreichen freilich nur die, die ohnehin dem Fernsehen distanziert gegenüberstehen. Das Gros der Zuschauer will aber lieber von Unterhaltendem berieselt werden, als sich mit Politischem zu beschäftigten – das zeigen die drastisch sinkenden Einschaltquoten in den unterhaltungsfreien »Schutzzonen« am Montag und Mittwoch ganz deutlich. Beim WDR verfällt man deshalb auf eine Idee, die schon Wolf Schmidt mit seinen »Hesselbachs« verfolgt hatte: Das populäre Genre »Familienserie« soll für die Verbreitung politischer Inhalte nutzbar gemacht werden. So kommt es 1972 zu Rainer Werner Fassbinders »Acht Stunden sind kein Tag«.

Der Münchner Regisseur gehört seit seinem international beachteten Gastarbeiter-Melodram »Katzelmacher« (1969) neben Alexander Kluge, Werner Herzog und Volker Schlöndorff zu den wichtigsten Vertretern des »Neuen deutschen Films«. Seit seinem Debüt hat Fassbinder schon ein gutes Dutzend Kinofilme gedreht, viele davon sind auch ins Fernsehen gekommen. Aber weil Autorenfilme meist in Programmnischen wie dem »Studio-Film« ausgestrahlt werden – mit dieser Sendereihe will die ARD seit 1969 einem Minderheitenpublikum die »Chance des Experiments, der Provokation, des Erprobens« bieten –, ist Fassbinder dem Gros der Fernsehzuschauer bisher kaum ein Begriff. Mit »Acht Stunden sind kein Tag« wird sich das über Nacht ändern, denn Fassbinder hat eine der Hauptrollen mit dem beliebten Altstar Luise Ullrich besetzt (auch Inge Meysel war für die Rolle der Oma im Gespräch gewesen), und die ARD strahlt die fünfteilige Arbeiterserie auf dem populären Programmplatz am Sonntagabend aus. Dort erzielt »Acht Stunden sind kein Tag« Einschaltquoten wie beim »Tatort«. So ist das Kinotalent Fassbinder bald auch ein Fernsehstar, mit dem sich die TV-Programmzeitschriften beschäftigen und den Hans Rosenthal in sein beliebtes Prominenten-Quiz »Dalli-Dalli« einlädt.

Aber nicht allein der Sendeplatz hat den Erfolg gebracht. Damit seine Serie bei den Zuschauern »nicht gleich in den Geruch kommt, was Linkes zu sein«, verbirgt Fassbinder seine didaktische »Bewusstseinslockerung« in unterhaltsamen Liebesgeschichten: Oma befreit sich aus ihrer Alters-Isolation, indem sie mit ihrem Geliebten Gregor eine »wilde Ehe« beginnt; Monika verlässt ihren herrischen Ehemann, um mit dem Arbeiter Manfred eine gleichberechtigte Partnerschaft aufzubauen; die Angestellte Irmgard überwindet ihre Klassenvorurteile und verliebt sich in einen Fabrikarbeiter.

Fassbinder ist mit dem Fernsehen vertraut, er weiß um die Schwierigkeit, mit einem sperrigen Stoff über die erste halbe Stunde zu kommen: »Wenn die Leute dann noch nicht abgeschaltet haben, ist man über den Berg. Ab diesem Moment kann man versuchen, politische Inhalte unterzubringen.« Und so lässt er die Schlüsselszene der Serie, in der der angepasste Werkzeugmacher Jochen (Gottfried John) die rebellische Angestellte Marion (Hanna Schygulla) näher kennen lernt, in Filmminute 36 beginnen. Vordergründig inszeniert Fassbinder den Flirt seiner beiden Hauptfiguren nach den Regeln einer beliebten Fernsehshow als »heiteres Beruferaten«: »Ist Ihre Arbeit nützlich? ... Ja .... Könnte ich mit dem Ergebnis Ihrer Arbeit etwas anfangen? ... Nein ... Wenn ich es sehen könnte, wüsste ich dann damit etwas anzufangen? ... Nein ... Arbeiten Sie in einer Fabrik?« Während Marion und Jochen bei ihrem »Was bin ich?«-Spiel reglos auf ihren Stühlen verharren, visualisiert die Kamera mit extremen Nahaufnahmen und Zooms ihre große gegenseitige Anziehungskraft. Als sich die erotische Spannung endlich in einem ersten Kuss entladen hat, lenkt Fassbinder das Gespräch auf sein eigentliches Thema: die Entfremdung der Arbeitswelt.

Jochen (unsicher): Hast du was?

Marion (sieht Jochen an): Nein, nein, ich habe nichts. Ich finde bloß komisch, dass du was machst, wo ich nicht einmal weiß, wenn ich's sehe, was es ist.

Jochen: Ja? Das ist doch üblich. Die meisten machen doch irgendwas, was … irgendwas, das ihnen egal sein könnte, eigentlich. Sie verdienen halt ihr Geld damit.

Marion: Schon. Aber … mich würde das ganz krank machen, was herzustellen, das nichts ist.

Jochen: Na ja, es ist doch schon was. Ich mein …

Marion: Klar. Klar ist es was. Aber … aber du kannst dir doch auch vorstellen, dass es irgendwas gibt, was du wirklich gerne tust?

Jochen (schaut von ihr weg): Klar. Irgendwas. Bestimmt.

Marion: Ich auch. Ich nehme die Anzeigen auf von Leuten, die gehen mich doch eigentlich nichts an. Ich mein, nicht wirklich. Ich träum halt viel, ich stell mir viel vor, aber … ich mein halt, es müsst schon die Möglichkeit geben, Geld mit was zu verdienen, was man wirklich gerne tut. Wo man nicht träumen muss, um was zu haben davon, verstehst du.

Jochen (schaut zu Boden): Schon. Aber .. es ist eben so.

Marion: Klar ist es so. Ich mein nur, für so eine Arbeit, die nichts zu tun hat mit einem, die nur interessant ist für andere, dass du sie machst, für so eine Arbeit, da verdient jemand wie wir dann zu wenig. Sie muss gemacht sein, das seh ich schon ein, aber …

Jochen (blickt vom Boden auf. Schaut sie an): Das klingt ganz schön links, was du da sagst. Wo hast du denn das gelernt?

Marion: Ich denk halt manchmal. Schlimm?

Jochen: Nein. Eigentlich nicht.

(Sie küssen sich. Abblende)

»Acht Stunden sind kein Tag« ist zwar im Milieu der Industriearbeiter angesiedelt, aber die Figuren sprechen nicht wie Proleten. Peter Märthesheimer beschreibt diesen Kunstgriff 1973 im Jargon der Zeit: »Das Neue an ›Acht Stunden‹ war, dass beides zusammengebracht wurde: das proletarische Milieu zum einen und der bürgerliche Held zum anderen, eine soziologisch exakt definierbare gesellschaftliche Klasse und eine Kunstfigur, deren wesentliche Verhaltensmerkmale bislang immer nur einer anderen Klasse zugeschrieben wurden.« Die Kulturkritik bezeichnet die Serienfiguren deshalb als »geschminkte Proleten«. Fassbinder und Märthesheimer haben ihnen nicht nur alle Probleme vor die Füße gelegt, die die Gesellschaft aktuell diskutiert – das Themenspektrum reicht vom »Nulltarif im öffentlichen Nahverkehr« bis zur Tristesse des modernen Städtebaus, von den Zwängen der Akkordarbeit bis zu den Folgen der allgemeinen Wohnungsnot, von der repressiven staatlichen Fürsorgeerziehung bis zum Zerfall der bürgerlichen Kleinfamilie –, sondern auch die Mittel an die Hand gegeben, sich aus ihren Zwängen zu befreien: Jochen setzt bei der Betriebsleitung für sich und seine Kollegen selbstbestimmtere Arbeitsabläufe durch; seine Oma gründet für ihren Urenkel einen Kinderladen; Jochens Schwester Monika bricht aus ihrem kleinbürgerlichen Ehegefängnis aus. Vor allem von Jochens neuer Freundin Marion erhalten die anderen Serienfiguren immer wieder Impulse zum Aufbruch in ein freieres Leben; die Presse nennt Marion deshalb Fassbinders »Arbeiter-Fee«. Überhaupt kommt die utopistische Grundstimmung von »Acht Stunden sind kein Tag« beim Fernsehpublikum viel besser an als bei der Kritik. Die zeigt sich von Fassbinders ungewohnt optimistischer »Volkskunst« nachhaltig irritiert. In einem Interview muss der Autor und Regisseur den Unterschied zu seinen früheren Arbeiten erläutern: »Meine Filme und Theaterstücke sind für ein intellektuelles Publikum gemacht. Intellektuellen gegenüber kann man ruhig pessimistisch sein, denn ein Intellektueller hat die Möglichkeit, seinen Verstand einzusetzen. Bei einem so großen Publikum wie der Fernsehserie wäre es dagegen reaktionär, ja fast ein Verbrechen, wenn man die Welt so aussichtslos darstellen würde, denn denen muss man vor allem Mut machen und ihnen sagen: ›Für euch gibt es trotz allem Möglichkeiten.‹«

Gerade diese Heilsbotschaft stößt Günter Wallraff auf; der durch seine sozialkritischen Industriereportagen bekannt gewordene Journalist warnt im »Spiegel« vor Fassbinders »Verniedlichung der realen Machtverhältnisse im Betrieb« und kritisiert die Hauptfiguren der Serie als völlig unrealistisch: »Der Werkzeugmacher Jochen, eine Art proletarischer Belmondo, ist Identifikationsfigur. Ihm zur Seite, wie auf einer Reyno-Reklamewiese von der Kamera umschwelgt, Hanna Schygulla, die im Proletarier-Milieu zwar menschlicher und sympathischer wirkt als in der gewohnten Sub-

Bewusstseinslockerung: Acht Stunden sind kein Tag

kultur, allerdings insgesamt zu schön ist, um wahr zu sein. Die alten Klischees durch neue zu ersetzten – darin liegt eine Gefahr.«

Während sich die kritische Öffentlichkeit noch darüber streitet, ob Fassbinder mit seinen ins Utopische überzeichneten Proletariern der »zentralen Unterhaltungsfixiertheit« der Massen nicht doch zu weit entgegengekommen ist, macht im Dritten Programm des WDR eine Arbeiterfamilie Furore, die rein gar nichts unternimmt, um sich aus ihrer Klassenlage zu befreien. Die Tetzlaffs aus »Ein Herz und eine Seele« sind das reaktionäre Spiegelbild der revolutionären Fassbinder-Figuren: Sie sitzen nach Feierabend auf ihrer Couch und schauen am liebsten in die Röhre. Und wenn sich Haushaltsvorstand Alfred tatsächlich einmal aus seinem Fernsehsessel erhebt und die Initiative ergreift, geht das mit Sicherheit schief. Denn der Pantoffelheld leidet unter notorischer Selbstüberschätzung, wie den Zuschauern bereits in der zweiten Folge »Der Fernseher« beispielhaft vorgeführt wird: Als Tetzlaffs altertümliches Schwarz-Weiß-Gerät seinen Dienst verweigert, beschließt Alfred, den Defekt eigenhändig zu beheben. »Willst du da im Ernst selbst rangehen?«, fragt seine Frau Else ungläubig, aber ihren Vorschlag, besser einen Techniker kommen zu lassen, schlägt Alfred mit großer Geste aus: »Bei Leuten, die abends noch arbeiten«, doziert er, »ist immer was faul. Entweder es sind Ersatzleute oder sie arbeiten schwarz. Mir kann man da nichts vormachen.« Auch die Warnung des Herstellers, das Gerät nur von »geschultem Personal« öffnen zu lassen, tut der Besserwisser Tetzlaff als »ganz alte Masche« ab: »Das schreiben die da nur drauf, um die Reparaturkosten in die Höhe zu treiben«, belehrt er seinen Schwiegersohn Michi und behauptet: »So geschult wie die bin ich schon lange!« Nicht einmal den Netzstecker will Alfred ziehen, geschweige denn die Sicherungen herausschrauben, bevor er in das Innere des Apparates greift, als handele es sich bei dem Fernsehgerät um einen simplen Radiobausatz der Marke »Heinzelmann«.

Alfreds Gewissheit, dass da »sowieso nur ein Draht locker« ist und »so einen Fernseher jeder Idiot reparieren kann«, steht freilich in krassem Gegensatz zu seinem Eingangsmonolog, in dem das Publikum bereits erfahren hat, dass der Hausherr nicht viel von moderner Hochfrequenztechnik versteht. Das Antennensignal hält er für gefährliche »Gammastrahlung«, und überhaupt sei Fernsehen eine riskante Sache, findet Tetzlaff: »Wenn das Ding ständig in Betrieb ist, dann laufen die Sachen eben heiß. Die Kompression in der Röhre erhöht sich, und ohne dass man vorher was sieht oder riecht – wumm, zack rumms! – das Ding explodiert, die Sachen fliegen dir um die Ohren. Die Decke stürzt ein, die Wände brechen zusammen ...«

Aus solchen grandios übersteigerten Angstphantasien bezieht die Serie »Ein Herz und eine Seele« ihre Handlungskomik: Wenn Tetzlaffs Ehefrau Else für einen arabischen Studenten aus der Nachbarschaft ein Paket annimmt, vermutet Alfred darin eine Zeitzünderbombe der Terrorgruppe »Schwarzer September«, die 1972 für das Olympia-Attentat von München verantwortlich war. Wenn sein Schwiegersohn Michi das kleine Siedlungshaus von einem Makler schätzen lassen will, weil die Möglichkeit besteht, die beengte Bleibe gegen ein geräumigeres Haus einzutauschen, glaubt Alfred gleich an seine »Enteignung durch die Sozis«. Und den netten Herrn vom Forschungsinstitut, der Familie Tetzlaff für eine Meinungsumfrage interviewen will, hält Alfred für »jemanden vom Staatsschutz«, der ihn wegen seiner abfälligen Äußerungen über die Regierung Brandt »abholen« will.

Glaubten die Proletarier aus »Acht Stunden sind kein Tag« fest an die Veränderbarkeit der Verhältnisse, fühlt sich Alfred Tetzlaff in »Ein Herz und eine Seele« von Demokratie und Fortschritt latent in seiner Existenz bedroht. Wollten Jochen und seine Kollegen die gesellschaftlichen Verhältnisse verbessern, gelingt es Tetzlaff nicht einmal, diese in ihrer ganzen Komplexität zur Kenntnis zu nehmen: Sein politisches Bewusstsein ist von einem überkommenen Lagerdenken bestimmt; in seinen übersteigerten Antikommunismus schließt Tetzlaff sogar die regierenden Sozialdemokraten mit ein, die seiner Meinung nach »stur Kurs auf die Weltrevolution« halten. »Solidarität« und »Klassenzusammenhalt« sind für diesen Proletarier Fremdworte – immer wieder wird betont, dass Alfred nicht einmal Freunde hat. Aber auch den anderen Familienmitgliedern fehlt jegliches emanzipatorisches Potenzial: Mutter Else hat sich nach 25 Ehejahren in ihr Schicksal als unterdrückte »Nur-Hausfrau« ergeben, Tochter Rita interessiert sich mehr für ihren Nagellack als für ihr intellektuelles Fortkommen und sogar Michi, Tetzlaffs Schwiegersohn und politischer Antipode, fügt sich – von gelegentlichen Widerworten abgesehen – klaglos in seine Abhängigkeit als Alfreds Untermieter und Prügelknabe.

Wie »Acht Stunden sind kein Tag« hat auch diese Serie der WDR-Dramaturg Peter Märthesheimer in Auftrag gegeben, diesmal heißt der Autor Wolfgang Menge. Der Hamburger Journalist und Rundfunkautor hat für den WDR bereits mehrere zeitkritische Fernsehspiele geschrieben, in denen es um die deutsch-deutsche Teilung, den Zynismus des Unterhaltungsfernsehens oder die Gefahr der Luftverschmutzung ging. 1970 hatte die Ausstrahlung von »Das Millionenspiel« einen kalkulierten Skandal hervorgerufen. Weil die Hauptrolle des Showmasters mit dem beliebten Fernsehmoderator Dieter Thomas Heck besetzt ist, hatten etliche Fernsehzuschauer die fiktive Handlung – ein kommerzieller Fernsehsender veranstaltet eine Spielshow, in der die Kandidaten ihr Leben für einen Gewinn von einer Million Mark aufs Spiel setzen – aufgrund der authentischen Inszenierung für bare Münze genommen.

Auch in »Ein Herz und eine Seele« sollen sich Fiktion und Realität munter mischen. Die Serie, die Wolfgang Menge nach dem englischen Vorbild »Till Death Us Do Part« (dt.: Bis dass der Tod uns scheidet) auf hiesige Verhältnisse übertragen hat, wird deshalb nicht als Film gedreht, sondern im Fernsehstudio als Bühnenstück inszeniert und am Sendetag vor Saalpublikum aufgezeichnet. Zuvor haben die Darsteller zehn Tage lang geprobt und am Tag der Ausstrahlung einen kompletten Durchlauf absolviert, der vom WDR sicherheitshalber bereits mitgeschnitten wird. Denn es gehört zum pannenanfälligen Konzept der Sendereihe, dass Autor Menge noch bis kurz vor Aufzeichnungsbeginn die Dialoge aktualisiert. So komödiantisch überzogen seine Figuren auch auf das Leben reagieren mögen – die Themen, über die Alfred und Michi beim Feierabendbier regelmäßig in Streit geraten, kommen aus dem gesellschaftlichen Hier und Jetzt: Wenn die Post die Gebühren erhöht, oder die Müllabfuhr einen Warnstreik ankündigt, wenn infolge der Ölkrise die Heizkosten steigen oder der Jom-Kippur-Krieg den Nahostkonflikt schürt, dann werden diese aktuellen »Tagesschau«-Nachrichten in »Ein Herz und eine Seele« umgehend kommentiert. Solche Verschränkungen mit dem »echten Leben« verleihen dem zuweilen bizarren Spiel eine gewisse Authentizität. Die kabarettistischen Einlagen, deren Aktualität sich in den Wiederholungen von heute nicht mehr nachvollziehen lässt, werden von den Zuschauern der Erstsendungen 1973 durchaus als Politisierung des Unterhaltungsvergnügens verstanden – zumal die Reihe im bildungsbürgerlich ausgerichteten Dritten Programm ausgestrahlt wird.

Fassbinders Serienhelden hatten ihren gesellschaftlichen Gestaltungswillen nicht auf die Arbeitswelt beschränkt, sondern buchstäblich über die ganze Stadt hinweg ausgebreitet: Der Fabrikbesitzer plant einen Firmenumzug auf die »grüne Wiese« am Stadtrand, Oma erstreitet sich einen Kinderladen, Jochen und Marion gründen eine Wohngemeinschaft. Der Kosmos der Tetzlaffs ist auf die drei Räume der Theaterbühne begrenzt: Ihr Leben spielt sich zwischen Küche, Flur und Wohnzimmer ab. Die Außenwelt dringt in diese abgeschottete »Keimzelle der Gesellschaft« nur selten vor: Draußen vor der Tür steht eine Telefonzelle, die von Tetzlaffs gelegentlich benutzt wird, und manchmal klingelt ein ungebetener Gast, was Alfred dann regelmäßig als Störung des Hausfriedens empfindet. Es wird zwar viel über Politik und Wirtschaft debattiert, aber praktisch nie über die eigene Erwerbsarbeit gesprochen, obwohl abgesehen von Hausfrau Else alle einer Arbeit nachgehen. Was Tetzlaffs über das Leben denken, wissen sie offenbar weniger aus eigener Anschauung als durch ihren intensiven Mediengebrauch. Selbst wenn der Fernseher einmal nicht eingeschaltet ist, lesen alle »ihre« Zeitung: Rita blättert in einer Illustrierten, Michi studiert das Fernsehprogramm, Alfred nimmt die »Bild«-Zeitung zur Hand. Mutter Else fehlt die Zeit, sich zu informieren, als Hausfrau hat Else – Alfred nennt sie oft »dusselige Kuh« – »nach Feierabend« alle Hände voll damit zu tun, die anderen zu bedienen.

Die Tetzlaffs konsumieren Medien, die Helden aus »Acht Stunden sind kein Tag« benutzen sie für ihren Interessenskampf – zum Beispiel, wenn Oma die Lokalpresse auf die Schließung des Kinderladens aufmerksam macht. Dafür interessieren sich die Fassbinder-Figuren kaum für größere politische Zusammenhänge, die außerhalb ihrer eigenen Einflusssphäre liegen, während Alfred, der in seinem Leben noch nie zur Wahl gegangen ist, ganz selbstverständlich die große Weltpolitik an seinem kleinen Küchentisch verhandelt.

Dem Publikum des »Intellektuellen-Kanals« (»Stern«) West3 gefällt diese anmaßende Überheblichkeit, mit der Alfred Tetzlaff zu allem und jedem eine Meinung hat, ohne sich aber je ernstlich für etwas anderes einzusetzen als für sein ganz persönliches Wohlergehen. Weil die Serie »Ein Herz und eine Seele« auch von einigen anderen Dritten Programmen übernommen wird, steigen im Verlauf der ersten Jahreshälfte 1973 stetig die Einschaltquoten. Mit einigen Ausgaben überflügelt die Reihe sogar das ZDF. Dieser große Erfolg macht die Programmzeitschriften auf das Nischenprogramm aufmerksam, deren Berichte fachen wiederum das Interesse der Zuschauer an. Mitte des Jahres reift im WDR der Plan, »Ein Herz und eine Seele« ins Erste zu übernehmen, Wolfgang Menge wird beauftragt, seinen Witzpegel versuchsweise an den allgemeinen Massengeschmack anzupassen. Mit dem neuen, unpolitischeren Konzept steigen die Einschaltquoten im Dritten bald auf sensationelle 30 Prozent. Zum Jahresbeginn 1974 wechselt »Ein Herz und eine Seele« daraufhin ins ARD-Hauptprogramm und erreicht – nun auch in Farbe! – aus dem Stand 27 Millionen Zuschauer. Alfred Tetzlaff wird jetzt landauf, landab zur umstrittenen Lachnummer und Heinz Schubert von den Journalisten nur noch »Ekel Alfred« genannt. Zudem stürzt sich die englische Presse auf die Fernsehfigur mit dem Hitler-Bärtchen und dessen unverhohlene Hetze gegen »Neger, Kommunisten und Juden«. Heinz Schubert, Ensemblemitglied am Hamburger Schauspielhaus und privat ein eher stiller und zurückhaltender Zeitgenosse, hält diesem öffentlichen Druck nur mit Mühe stand; bei der Probe zur zweiten ARD-Ausgabe von »Ein Herz und eine Seele« erleidet er einen Nervenzusammenbruch und muss sich vorübergehend nach Sylt zurückziehen.

Auch für die anderen wird die Fernseharbeit immer belastender, bald ist das Schauspielensemble untereinander heillos zerstritten. Weil der WDR mit allen Darstellern Verträge bis Ende 1974 abgeschlossen hat, werden aber alle elf Folgen der Staffel planmäßig produziert. Dann steigen Hildegard Krekel vorübergehend, Diether Krebs und Elisabeth Wiedemann für immer aus der Serie aus: Es langweile sie, eine Rolle so auszuwalzen, erklärt Elisabeth Wiedemann der Presse, »außerdem möchte ich nicht als dusselige Kuh abgestempelt werden«. Heinz Schubert hadert zwar mit seinem polternden Alter Ego, macht aber mit Helga Feddersen weiter, tourt mit einer Theaterfassung durch Deutschland und gibt nach einer anderthalbjährigen Bildschirmpause dem Affen auch in der ARD noch einmal Zucker. Die zweite Staffel von »Ein Herz und eine Seele« kann aber an den Erfolg der ersten nicht mehr anschließen. Die Presse schiebt das auf die Umbesetzungen – mit Helga Feddersen hat sich der Akzent weiter ins Vulgäre verschoben, sie hatte sich mehr Widerspenstigkeit für ihre Rolle ausbedungen –, aber auch der zunehmend brachiale Humor der Drehbücher wird allgemein kritisiert. Den politischen Hintersinn der ersten Ausgaben hat »Ein Herz und eine Seele« ohnehin längst eingebüßt. 1976 wird die Serie endgültig eingestellt.

Die progressiven Programmmacher hatten sich für ihr Programm immer den aktiv mitgestaltenden Zuschauer gewünscht. Nun stellt sich heraus, dass das Publikum gerade aufgrund seiner passiv-konsumistischen Haltung zu einem Machtfaktor geworden ist, an dem niemand mehr vorbeikommt. »Wo es einem Programm gelingt, sich dem Zuschauer vertraut zu machen«, schreibt Peter Märthesheimer 1973, »wird es prompt von den Zuschauern in Besitz genommen als ihr eigenes.« Als Massenmedium sei das Fernsehen der ständigen Versuchung ausgesetzt, »sein Programm dem Gesetz der großen Zahl zu unterwerfen und es auf jenen Nenner einzuebnen, von dem zu erwarten ist, dass auf ihn sich alle einigen können«. Gerade ein so populäres Genre wie die Serie könne sich »seiner Liebhaber allenfalls zeitweilig erwehren; über kurz oder lang, so scheint es, muss es doch ihrer Umarmung erliegen«.

Auch die Arbeiterserie »Acht Stunden sind kein Tag« ist letztlich an der Zuneigung ihres Publikums erstickt: Der wachsende Zuschauererfolg der ersten fünf Folgen hat die DGB-Spitze auf den Plan gerufen. In einem öffentlichen

Hearing im Großen Sendesaal des WDR kritisieren Vertrauensleute und Betriebsräte die allzu unrealistischen, weil anarchistischen Helden der Fassbinder-Serie als wenig vorbildhaft und fordern vom WDR, in den neuen Episoden der organisierten Gewerkschaftsarbeit mehr Bedeutung beizumessen. Fassbinder schreibt daraufhin drei Folgen, in denen Jochen zunächst Vertrauensmann und dann Betriebsrat wird. 25 Jahre später erinnert sich Peter Märthesheimer: »Das dritte Buch war dann überhaupt nur noch langweilig, sehr realistisch, sehr wahrhaftig, und total langweilig! Wir beschlossen, die Serie lieber auf dem ursprünglichen Niveau in Erinnerung zu behalten, als sie auf einem niedrigeren fortzusetzen. Es war, so oder so, ein Jammer, und es war auch ein Zeichen dafür, dass die Zeiten, in denen man noch naiv an die Verbesserung der Welt glauben konnte, ein für allemal vorbei waren.«

6. Gute Taten

Aktion Sorgenkind – Die didaktischen ZDF*-Spielserien »Unser Walter« (1974) und »Tod eines Schülers« (1978)*

Die Nachricht steht in der »Welt am Sonntag« gleich neben dem Wetterbericht und ist als Frage formuliert: »Missgeburt durch Tabletten?« Am nächsten Tag nimmt der pharmazeutische Betrieb »Chemie Grünenthal« das Beruhigungsmittel »Contergan« vom Markt. Bis zu diesem 26. November 1961 ist »Contergan« das beliebteste Schlafmittel der Deutschen: Dreißig Tabletten im Röhrchen kosten nur 3,90 DM und sind rezeptfrei in der Apotheke erhältlich. Der Inhaltsstoff »Thalidomid« gilt als besonders sicher, seit Tierversuche gezeigt haben, dass selbst erhebliche Überdosierungen nicht zum Tod führen. Allein 1961 verkauft »Chemie Grünenthal« rund zwanzig Millionen Tagesdosen »Contergan« pro Monat. Statistisch gesehen greift jeder dritte Deutsche mindestens einmal im Monat zu dieser chemischen Einschlafhilfe, darunter auch viele schwangere Frauen. Das Mittel hilft gut gegen die typische Morgenübelkeit in der Frühschwangerschaft, und der Hersteller hat den Ärzten »Contergan« in einem Rundschreiben ausdrücklich gegen »Schlaflosigkeit, innere Unruhe und Abgespanntsein« in der Schwangerschaft empfohlen.

Aber im Herbst 1961 ist nicht mehr von der Hand zu weisen, dass es einen direkten Zusammenhang gibt zwischen den erheblich angestiegenen Missbildungsraten Neugeborener und der Einnahme von »Contergan«. Bereits eine einzige Tablette, eingenommen während der ersten drei Schwangerschaftsmonate, verursacht beim Embryo irreparable Schäden: Bei der Geburt fehlen den Kindern ganze Gliedmaßen, ihre Hände hängen wie Flossen an den Schultern, oder Beinstummel sind an den Hüften angewachsen. Manche haben keine Ohren, andere schwere Schädigungen der inneren Organe oder des Nervensystems. In den vier Jahren, in denen »Contergan« international vermarktet worden ist, sind weltweit 10 000 Kinder schwerstbehindert geboren worden. In Deutschland sind es geschätzte 5000, nur 3000 von ihnen überleben das Neugeborenenalter.

Der »Contergan«-Skandal trifft die Bundesrepublik auf dem Höhepunkt von »Wirtschaftswunder« und »Babyboom« ins Mark. Die Fortschrittsgläubigkeit ist noch ungebrochen, soeben hat die Berliner »Schering AG« mit »Anovlar« die erste Antibaby-Pille auf den Markt gebracht – zunächst ausschließlich für verheiratete Frauen und nur zur »Behebung von Menstruationsstörungen«. Unternehmen wie »Schering« und »Chemie Grünenthal« gehören seit den fünfziger Jahren zu den Motoren des Aufschwungs. Den Forschern von »Grünenthal« – das Unternehmen ist nach dem Krieg aus einem Kosmetikkonzern hervorgegangen – war 1947 das Kunststück gelungen, in ihren Labors das Antibiotikum Penicillin in größeren Mengen herzustellen. Mit dem vermeintlich nebenwirkungsfreien Beruhigungsmittel »Contergan« sollte Ende der fünfziger Jahre nun auch der Weltmarkt erobert werden. Stattdessen wird der Name 1961 zum Inbegriff für ein weltumspannendes Arzneimittel-Desaster.

Der Fall »Contergan« wird aber auch deshalb zum größten Medikamentenskandal aller Zeiten, weil in Deutschland die Eltern der betroffenen Babys in die Offensive gehen: Sie alarmieren die Öffentlichkeit und organisieren sich 1963 als Interessenverband, um gemeinsam eine Entschädigungsklage gegen »Chemie Grünenthal« vorzubereiten. Dass Eltern sich mit ihren behinderten Kindern nicht aus der Öffentlichkeit zurückziehen, sondern diese direkt suchen, ist neu in der Bundesrepublik. Bisher hatte der prosperierende Sozialstaat seinen behinderten Bürgern und ihren Angehörigen keine besondere Fürsorge angedeihen lassen. Die Heime, in die »Krüppel« und »Schwachsinnige« abgeschoben werden, sind schlecht ausgestattet, die staatlichen Unterstützungen beschämend gering. Es wird noch mehr als dreißig Jahre dauern, bis der Satz »Niemand darf wegen seiner Behinderung benachteiligt werden« ins Grundgsetz aufgenommen werden wird. Sechzehn Jahre nach Kriegsende sind die Nachwirkungen der zynischen »Kosten-Nutzen«-Logik nationalsozialistischer »Rassenhygiene« noch immer spürbar; »Erbkranke« und ihre Angehörige haben es besonders schwer. Das Schicksal der 3000 »Contergan«-Kinder hat in diesem Zusammenhang einen besonderen Symbolwert: Denn die Versehrtheit dieser Babys ist ja nachweislich keine Laune des Schicksals, kein Webfehler Gottes und erst recht keine private Familienangelegenheit. Diese Kinder wären nicht behindert, hätten Staat und Wirtschaft ihre Kontrollfunktion korrekt wahrgenommen. Mit ihrem Kampf um Entschädigung leiten die Eltern ein grundlegendes gesellschaftliches Umdenken ein: Eine Behinderung wird nun erstmals nicht als privates Schicksal, sondern als gesamtgesellschaftliche Aufgabe begriffen. Und zu der will auch das junge, fortschrittliche ZDF seinen Beitrag leisten.

Der Anstoß zur »Aktion Sorgenkind« kommt von zwei Seiten: Der Moderator und Show-Erfinder Peter Frankenfeld arbeitet schon lange an einem Sendungskonzept, das als Lotteriespiel gleichzeitig Gewinne für die Zuschauer und Spenden für einen guten Zweck einspielen soll. Aber der WDR hat seine Showidee abgelehnt. Parallel denkt beim neu gegründeten ZDF der leitende Gesundheitsredakteur Hans Mohl darüber nach, wie man das große Publikumspotenzial einer Unterhaltungsshow dafür nutzen könnte, Spenden für die Behindertenhilfe zu sammeln. In der Spielshow »Vergißmeinnicht« werden diese beiden Ziele 1964 zusammengeführt: Die Lotteriegewinne finanziert die Bundespost aus ihrem Werbeetat, denn die Show bewirbt aktiv die neuen, vierstelligen Postleitzahlen. Die Spenden stammen aus dem Erlös von Wohlfahrtsmarken. Denn um an der Lotterie teilzunehmen, muss man eine Lösungspostkarte ans ZDF schicken und sie mit einer Briefmarke zugunsten der Behindertenhilfe frankieren. Direkt im Anschluss an Frankenfelds Spielshow berichtet das ZDF in der 15-minütigen Sendung »Aktion Sorgenkind« über den tristen Alltag in Behindertenheimen und ruft das Millionenpublikum eindringlich zu Spenden auf. Schon die erste Ausgabe von »Vergißmeinnicht« – der Titel lässt sich sowohl auf die bedürftigen Behinderten als auch auf die neuen Postleitzahlen beziehen – erlöst mit Wohlfahrtsmarken und Spenden eine halbe Million Mark. Als erstes Projekt bewilligt der Verein »Aktion Sorgenkind e. V.« 200 000 Mark Baukostenzuschuss zur Errichtung eines Kurheims für geistig behinderte Kinder. Viele weitere »gute Taten« folgen, sie werden den Zuschauern von nun an in der Sendung »Aktion Sorgenkind« regelmäßig vorgestellt.

Nach fünf Jahren kündigt das ZDF die Zusammenarbeit mit der Post auf. »Vergißmeinnicht« wird eingestellt, in die neue Show »Drei mal neun« mit Wim Thoelke wird nur noch der beliebte Geldbriefträger Walter Spahrbier übernommen. Dem Erfolg der »Aktion Sorgenkind« tut dieser Neuanfang gut: Die deutlich gesunkene Spendenbereitschaft nimmt wieder zu, bis zur Einstellung der Show 1974 wird das ZDF mit der »Aktion Sorgenkind« fast 50 Millionen Mark eingenommen haben.

Die Hauptverhandlung des »Contergan«-Prozesses ist 1968 endlich eröffnet worden, die meisten der überlebenden Kinder gehen inzwischen schon zur Schule. Die dreißig Fachanwälte der »Chemie Grünenthal« spielen auf Zeit, mit Blick auf die Verjährungsfristen verzögern sie immer wieder das Verfahren. 1970 wird das Strafverfahren nach 283 Prozesstagen ohne Urteil eingestellt – wegen »geringer Schuld« der angeklagten »Grünenthal«-Mitarbeiter und des »geringen öffentlichen Interesses der Bundesrepublik Deutschland«. Im Auftrag der rund 400 Nebenkläger schließt der »Bundesverband Contergangeschädigter« mit der »Chemie Grünenthal« einen Vergleich: Das Unternehmen erklärt sich bereit, einmalig 100 Millionen Mark in eine Stiftung einzuzahlen, dafür müssen die Betroffenen im Gegenzug auf alle weiteren Schadenersatz-Forderungen verzichten. Auch die Bundesregierung steuert erhebliche öffentliche Mittel bei: Mit 420 Millionen Mark wird 1972 die öffentliche Stiftung »Hilfswerk für behinderte Kinder« gegründet, die den Geschädigten aus dem Stiftungsvermögen bis heute geringe Renten von 100 bis maximal 500 Euro auszahlt.

Der »Contergan«-Prozess hat zwar für die direkt Betroffenen nicht viel erreichen können, aber immerhin das öffentliche Bewusstsein dafür geschärft, dass Behinderte aufgrund ihrer besonderen Lebensumstände auch auf die besondere Unterstützung des Gemeinwesens angewiesen sind. Das Arzneimittelgesetz wird grundlegend überarbeitet und das Zulassungsverfahren für Medikamente um verbindliche Verträglichkeitsprüfungen erweitert. 1974 hebt der Gesetzgeber die Unterscheidung zwischen »Kriegsversehrten« und »Zivilbehinderten« auf; das Schwerbeschädigtengesetz wird in »Schwerbehindertengesetz« umbenannt und gilt jetzt unterschiedslos für alle, die behindert sind – unabhängig davon, wie es zu diesem Handicap kam.

Neben Kriegsbeschädigten, Blinden und Körperbehinderten profitieren nun erstmals auch geistig Behinderte von dem besonderen Schutz des Gesetzgebers; mit dieser Gleichstellung ist jene zentrale Wende in der Behindertenpolitik eingeleitet, die Eltern und Fachleute seit langem fordern. Bereits 1958 hatte der UN-Beauftragte für geistig behinderte Flüchtlingskinder, Tom Mutters, mit der »Lebenshilfe e.V.« eine erste Selbsthilfeorganisation für geistig Behinderte gegründet, zahlreiche Interessenverbände sind diesem Beispiel gefolgt.

Zum ZDF unterhält die »Lebenshilfe e. V.« beste Kontakte: Die Idee zur »Aktion Sorgenkind« geht unter anderem auf Tom Mutters' Initiative zurück. Im Sommer 1974, dem Jahr des neuen Behindertengesetzes, zeichnet das ZDF in der siebenteiligen Spielserie »Unser Walter – Leben mit einem Sorgenkind« den gesellschaftlichen Umdenkprozess in der Behindertenpolitik nach. »Ursprünglich wollten wir etwas für die Contergan-Kinder tun«, erinnert sich später Fried Thumser, Leiter der Redaktion »Kirche und Leben« im ZDF. »Als ich mit meinem Kollegen Hans Mohl darüber sprach, machte er mich auf eine andere Gruppe von Behinderten aufmerksam, die noch nicht genügend ins Blickfeld der breiten Öffentlichkeit gekommen sind: die Mongoloiden.«

Bis dahin hatte die evangelische Kirchenredaktion in ihren Spielserien regelmäßig auf verschiedene gesellschaftliche Randgruppen aufmerksam gemacht und die Zuschauer anhand eines exemplarischen Einzelschicksals auf Möglichkeiten und Grenzen des Sozialstaats hingewiesen: Die Serie »Familie Mack verändert sich« erzählte 1969 von dem Oberamtmann Robert Mack, der beim Bau seines Eigenheims in finanzielle Schwierigkeiten geraten war, deshalb Amtsgelder unterschlagen hatte und dafür ins Gefängnis musste. Mit der aus den Edgar-Wallace-Verfilmungen bekannten Margot Trooger erzählte die Spielserie den langsamen sozialen Abstieg der Familie Mack. Am Ende einer jeden Folge nahm der damalige Bundesjustizminister Gustav Heinemann zu den aufgezeigten Problemen und Auswirkungen des Strafvollzugs Stellung. Nach dem gleichen Prinzip war 1971 in »Das Patenkind« das Abgleiten einer kinderreichen Familie in die Obdachlosigkeit und 1973 in »Alles Gute, Köhler« die Resozialisierung eines Strafgefangenen thematisiert worden.

Bisher hatten sich die Spielserien auf den relativ überschaubaren Erzählzeitraum von ein paar Jahren erstreckt. Die Geschichte des »Sorgenkindes« Walter Zabel beginnt jedoch schon im Jahr 1955. Da ist der Junge zweieinhalb Jahre alt, kann aber immer noch nicht laufen und sprechen. Walters Vater führt mit seiner Frau einen kleinen Milchladen, der Geschäftsmann ist froh, dass der Junge noch »so ruhig in seinem Laufställchen sitzt«, denn so stört er nicht den Ablauf des Ladenbetriebs. Frau Zabel macht sich dagegen inzwischen ernstlich Sorgen, dass mit Walter etwas nicht stimmen könnte. Der alte Hausarzt hält die medizinische Diagnose zurück, »weil man ja sowieso nicht viel machen kann«. Erst ein Arztwechsel bringt Frau Zabel die Gewissheit: Ihr Walter leidet an »mongoloider Idiotie« (heute: Down-Syndrom), er wird sich geistig und körperlich nur sehr verzögert entwickeln und immer auf die Fürsorge anderer angewiesen bleiben. Bei einer Familienfeier informiert Frau Zabel ihre Mutter und die Schwiegereltern über Walters Gesundheitszustand. Der Schwiegervater reagiert entsetzt:

»Angeborener Schwachsinn? Erbkrank! Also aus unserer Familie kommt das jedenfalls nicht!«

Darauf Frau Zabels Mutter: »Ja glaubt ihr etwa, von uns?!«

Ihre Schwiegermutter: »Man weiß das ja nicht. Deinen Mann haben wir gar nicht mehr kennengelernt. Und Verwandte von eurer Seite haben wir auch nie zu sehen gekriegt.«

Ihre Mutter: »Das lasse ich mir nicht bieten!«

Frau Zabel: »Jetzt hört doch auf zu streiten. Das hat doch mit ›erbkrank‹ nichts zu tun.«

Ihr Schwiegervater (immer noch erregt): »Natürlich hat das was damit zu tun. Erzähl mir doch nichts. Alle Erbkrankheiten kommen durch Vererbung oder Inzucht. Deshalb wurde ja im Dritten Reich auch jeder, der heiraten wollte, genau auf seine Erbfaktoren hin untersucht. Da gab es keinen erbkranken Nachwuchs. Aber heute … wenn du dich hättest vorher untersuchen lassen, wäre das jedenfalls nicht passiert.«

In seinem Enkel Walter kann der alte Zabel jetzt nur noch den »unnützen Esser« sehen, der besser heute als morgen ins Heim gehört. Dass seine Schwiegertochter, die inzwischen wieder in anderen Umständen ist, die zweite Schwangerschaft nicht abbrechen ließ, kann er nicht verstehen. Auch seine Frau fragt schockiert: »Wollt ihr denn etwa noch ein schwachsinniges Kind?«

Die Nationalsozialisten hatten ihre systematischen Massenmorde an Geisteskranken zynisch als »Gnadentod« bezeichnet. Aber bereits vor der Machtübernahme hatte sich die internationale Eugenik unter dem Einfluss der Darwin'schen Lehren mit der Frage beschäftigt, ob die Gesellschaft »lebensunwertes Leben« erhalten oder »ausmerzen« solle. Nach Kriegsende leitete der Arzt und Psychoanalytiker Alexander Mitscherlich eine Kommission, die die Verstrickung deutscher Mediziner in das NS-System untersuchte; sein Fachbericht »Das Diktat der Menschenverachtung« über die Vorgehensweise deutscher Ärzte in den Konzentrationslagern erschien 1960 unter dem Titel »Medizin ohne Menschlichkeit« als Taschenbuch und fand nun ein breites Leserecho. Aber trotz aller »Vergangenheitsbewältigung«, die in den späten sechziger Jahren durch die Studentenbewegung stark befördert wurde, sind auch 1974 die Vorbehalte gegenüber geistig Behinderten noch groß. Ausführlich werden die Zuschauer deshalb im Anschluss an die Spielhandlung von »Unser Walter« darüber aufgeklärt, wie das »Down-Syndrom« während der Zellteilung entsteht und dass der Gen-Defekt weder ansteckend noch vererbbar ist. Ähnlich wie im Fall der »Contergan«-Kinder soll auch hier deutlich gemacht werden, dass niemand für Walters Behinderung verantwortlich gemacht werden kann und dass deshalb alle – so die Schlussfolgerung des liberalen Sozialstaates – für die Folgen seiner Krankheit in Verantwortung genommen werden müssen.

Stück für Stück fächert »Unser Walter – Leben mit einem Sorgenkind« in den nächsten Folgen die schwierigen Aufgaben auf, vor die sich Familie Zabel in den sechziger Jahren mit Walter gestellt sah. Aufgrund der Zeitsprünge in der Filmerzählung – Walter ist in den nächsten Episoden acht, neun, zehn, dreizehn bzw. siebzehn Jahre alt – muss der Junge in jeder Folge von einem anderen Darsteller gespielt werden. Diese »neuen Gesichter« macht sich die Serie zunutze, indem dem Publikum im anschließenden Dokumentarteil jeweils die persönliche Situation des ja ebenfalls mongoloiden Darstellers vorgestellt wird. So kann der Fortschritt in der Behindertenpolitik am konkreten Beispiel anschaulich gemacht werden: Während die Fernsehfamilie Zabel ihren Jungen 1962 noch von einer Privatlehrerin unterrichten lassen musste, weil geistig behinderte Kinder wie Walter als »nicht beschulbar« sogar von der »Hilfsschule« befreit waren, geht der Darsteller des mongoloiden Jungen 1974 in eine spezielle Sonderschule mit einem modernen Frühförderkonzept. Und während Herr Zabel sein Milchgeschäft noch aufgeben musste, weil seine Frau keine Zeit mehr für den Laden aufbringen kann, stellt der Dokumentarteil die Tagesstätte für geistig Behinderte vor, die der Darsteller des neunjährigen Walter besucht. Aber die Kommentarstimme mahnt jedes Mal eindringlich, diese staatlichen Einrichtungen nicht zu selbstverständlich zu nehmen: »Was hier gezeigt wird, ist ein Modellfall. Eine Ausnahme, leider noch nicht selbstverständliche Regel. Diesen Kindern hilft nicht ein wenig Mitleid und ein paar Almosen. Die Kosten für Einrichtungen und Personal solcher Zentren wie hier werden sich auf gut eine Milliarde Mark belaufen. Die aber wird der Staat nur bereitstellen, wenn das dem nachdrücklichen Willen der Mehrheit unserer Bevölkerung entspricht. Wir müssen entscheiden, wieviel uns die Lebenschancen dieser Kinder wert sind.«

Zum Finale der Serie kommt die Spielhandlung schließlich in der Gegenwart des Jahres 1974 an: Walter ist jetzt 21 Jahre alt, er lebt noch bei seinen Eltern, arbeitet aber regelmäßig in einer »Beschützenden Werkstatt«. Für die Zuschauer haben Zabels im Zeitraffer einen komplexen Erfahrungsprozess durchlaufen: Sie mussten zunächst selbst lernen, mit der Behinderung ihres Kindes angemessen umzugehen und die Hoffnung auf Walters Heilung aufzugeben. Sie haben ihren häuslichen Alltag auf die besondere pflegerische Belastung eingestellt und einen Weg gefunden, mit den Anfeindungen ihrer Umgebung fertig zu werden. Schließlich waren Zabels einer Selbsthilfegruppe beigetreten, hatten gemeinsam mit anderen Eltern einen behindertenfreundlichen Bauernhof initiiert und auf die Konfirmation ihres Sohnes gemeinsam mit Nichtbehinderten bestanden. So haben sich die Eltern aus ihrer sozialen Isolation befreit und sind streitbare Mitglieder der Selbsthilfegruppe »Lebenshilfe e. V.« geworden, die allen gesellschaftlichen Widerständen mit Selbstbewusstsein begegnen. Ihr Sohn Walter hat aufgrund ihres Engagements eine größtmögliche Selbstständigkeit erlangt; nun stehen Zabels kurz vor der Rente. Sie müssen lernen, ihr erwachsenes Kind aus den engen familiären Banden freizugeben – aber in was für eine Zukunft?

Auch diesmal wird die Frage der Handlung anhand der authentischen Lebenssituation des »Walter«-Darstellers beantwortet: »Das ist Ottmar Lehrmann«, erklärt die Kommentarstimme, »im Film unser Walter von 1974, daheim mit seinen Eltern. Ottmar ist 21, vital und lebensfroh. Wie die meisten Mongoloiden hat er gute Aussichten, so lange zu leben wie unsereiner auch. Allerdings war Ottmar regelmäßig in ärztlicher und jugend-psychiatrischer Betreuung, das ist unbedingt notwendig, weil Herz und Atemwege Mongoloider besonders anfällig sind. Ottmars Eltern haben ihren Sohn umsorgt und gefördert, soweit ihre Kraft reichte. Nun sind sie älter als Familie Zabel, ihre Sorgen sind noch drängender. Was wird aus Ottmar? Bleibt am Ende doch nur die Anstalt?«

Mit dem Plädoyer für die Schaffung von 10 000 offenen Wohnheimplätzen schließt die Serie ihren Forderungskatalog ab. Zwar koste jeder Wohnheimplatz »mit allem Drum und Dran etwa 50 000 Mark, aber preiswerter sind Anstalten auch nicht. Und in dieser Umgebung gelingt Mongoloiden sicher eher die vom Sozialgesetz versprochene ›Führung eines Lebens, das der Würde des Menschen entspricht‹.«

In der Bundesrepublik des Jahres 1974 sind gesellschaftliche Probleme noch mit dem Ruf nach staatlichen Förderprogrammen zu lösen. Aber die öffentlichen Gelder fließen nicht mehr so reichlich, seit die Wirtschaft ins Stocken geraten ist: Im Herbst 1973 haben die arabischen Staaten einen Lieferboykott für Erdöl verhängt, rapide steigende Energiekosten beschleunigen seitdem auch in der Bundesrepublik die Preissteigerung und hemmen die Konjunktur. Zudem haben die Gewerkschaften erhebliche Lohnsteigerungen durchgesetzt, und die Wirtschaft reagiert auf die gestiegenen Personalkosten mit verstärkten Rationalisierungsprogrammen. Willy Brandt, der Kanzler des Aufbruchs, ist im Mai 1974 zurückgetreten, nachdem im Kanzleramt sein persönlicher Referent Günter Guillaume als DDR-Spion enttarnt worden ist. Er hinterlässt seinem Nachfolger Helmut Schmidt 500 000 Arbeitslose, 7 Prozent Inflation sowie ein stagnierendes Bruttosozialprodukt. Und ein Aufschwung ist nicht in Sicht, 1975 wird die Arbeitslosenquote sogar erstmals auf eine Million steigen.

Die simple Gleichung der Wiederaufbaujahre »Kannste was, haste was. Haste was, biste was. Biste was, kannste was« geht plötzlich nicht mehr auf. In wenigen Jahren ist aus dem optimistischen Wirtschaftswunderland eine in vielerlei Hinsicht verunsicherte Gesellschaft geworden, deren Sorgen vom Verlust des eigenen Arbeitsplatzes bis zur weltweiten Umweltkatastrophe reichen: Der »Club of Rome« hat soeben seine erste weltweite Systemanalyse »Die Grenzen des

Wachstums« veröffentlicht, die mit Rohstoffknappheit und Überbevölkerung eine düstere Zukunft prognostiziert. Die Studentenrevolte hat zudem mit ihrer Wertediskussion die Bundesrepublik nachhaltig polarisiert; aus den Unruhen von 1968 sind einerseits viele staatliche Reformprojekte und zahlreiche Emanzipationsbewegungen hervorgegangen – Frauen, Homosexuelle, Behinderte fordern nun ihre Rechte ein –, aber der Protest ist zum Teil auch in Radikalismus und Gewalt umgeschlagen. Der Staat reagiert auf den Terrorismus mit Rasterfahndungen und Radikalenerlass, auf die lahmende Konjunktur mit Staatsverschuldung und auf die geburtenstarken Jahrgänge der »Babyboomer« mit dem »Numerus clausus« bei der Studienplatzvergabe.

Immer mehr Jugendliche flüchten sich aus Zukunftsangst und Leistungsdruck in Drogen, von 1974 auf 1975 verdoppelt sich die Zahl der Drogentoten. Und auch bei der Zählung der Schülerselbstmorde führt die Bundesrepublik neuerdings die europäische Statistik an. Das ZDF erteilt dem Drehbuchautor Robert Stromberger den Auftrag, die sechsteilige Spielserie »Tod eines Schülers« zu entwickeln. Erneut soll das Publikum sensibilisiert und, wie es ZDF-Fernsehspielchef Heinz Ungureit formuliert, »aufgebracht werden gegen unsere Gleichgültigkeit, gegen Vereinsamung unserer Mitmenschen, gegen das Ellenbogendenken, gegen Gefühle des Ausgeliefertseins, der Zukunftslosigkeit und Hoffnungslosigkeit.«

Aber anders als bei »Unser Walter – Leben mit einem Sorgenkind« gibt es nun keine eindeutigen Verantwortlichkeiten, einfachen Lösungen oder gar kollektiven Handlungsanweisungen mehr. Die Serie »Tod eines Schülers« erzählt den immer gleichen Suizidfall eines jungen Abiturienten aus sechs verschiedenen Perspektiven – aus der Warte der Kriminalpolizei, der Eltern, der Lehrer, der Mitschüler, der Freundin des Toten und schließlich des Toten selbst – und spiegelt damit eine neue gesellschaftliche Komplexität kaleidoskopartig wider. Sechs Mal stellt der Pfarrer am Grab des Toten die Frage nach der Schuld: »Wer von uns hat versagt? Wer ist schuldig geworden an Claus Wagner?« Und jedes Mal verweigern die Episoden bewusst eine klare Antwort. Erst die letzte Folge, die den Selbstmord aus der Perspektive des Betroffenen Claus Wagner rekonstruiert, setzt die einzelnen Suizid-Motive – der Erwartungsdruck der Eltern, die emotionale Überforderung durch die sehr viel ältere Freundin, die vergebliche Protestaktion gegen einen unfähigen Oberstufenlehrer – als eine tragische Verkettung von Einzelereignissen zusammen. Anders als die Spielserie »Unser Walter« von 1974 formuliert die Miniserie »Tod eines Schülers« vier Jahre später ihr Thema nicht mehr als gesellschaftliches Problemfeld, sondern als schuldhaftes Versagen Einzelner. »Heute trifft man häufig auf einen geradezu monströsen Unschuldswahn«, erklärt der zuständige Redakteur Siegfried W. Braun die Stoßrichtung des Projekts: »Anstatt individuelle Schuld da zu akzeptieren, wo sie auftritt, bedient man sich hochdifferenzierter wissenschaftlicher Methoden, Schuld zu erklären und verständlich zu machen. Dabei wird der Charakter der Schuld oft so lange zerlegt, verkleinert und atomisiert, bis er schließlich völlig verloren geht. Die spezifische moderne Vorliebe, alles psychologisch zu erklären, untergräbt dabei die ›Realität‹ von Schuld.«

Bereits während der Drehbuch-Entwicklung war senderintern darüber diskutiert worden, inwieweit das ZDF mit dieser Vorabendserie womöglich selbst Schuld auf sich laden könnte. Man befürchtet einen fatalen Nachahmungseffekt. Tatsächlich verfehlt die aufklärerische Reihe ihr erklärtes Ziel, »die Gefährdeten vor diesem ›letzten Schritt‹ zu bewahren« (ZDF-Fernsehspielchef Ungureit), auf tragische Weise: Nach der Ausstrahlung von »Tod eines Schülers« steigt die Zahl der Schüler, die sich wie die Filmfigur Claus Wagner vor einen Zug werfen, um 170 Prozent. Dieser »Werther-Effekt« – benannt nach Goethes Suizid-Roman »Die Leiden des jungen

Werther«, der 1774 erstmals eine solche Nachahmerwelle hervorgerufen hatte – wiederholt sich im darauf folgenden Jahr, als die Serie im ZDF erneut ausgestrahlt wird. Die Produktion wandert daraufhin für immer in den Giftschrank.

Die Spielserie »Unser Walter – Leben mit einem Sorgenkind« hat dagegen ihr Ziel erreicht, über den Gen-Defekt »Trisomie 21« und seine Folgen für die Betroffenen aufzuklären. Auf vielfachen Wunsch bietet das ZDF die Produktion des Evangelischen Kirchenfunks im Juni 2006 sogar wieder als DVD zum Kauf an. Denn die öffentliche Debatte über Menschen mit »Down-Syndrom« hat dreißig Jahre nach »Unser Walter« wieder an gesellschaftlicher Brisanz gewonnen: Seit die vorgeburtliche Diagnostik es möglich macht, den Gen-Defekt bereits im Mutterleib festzustellen, entscheiden sich 95 Prozent der Frauen nach einer solchen Diagnose für einen Schwangerschaftsabbruch. Mittlerweile wird in Deutschland nur noch eines von tausend Kindern mit Down-Syndrom zur Welt gebracht.

Und auch das Skandalmedikament »Contergan« hat eine Renaissance erfahren, seit ein Arzt in Jerusalem durch Zufall die entzündungshemmenden Eigenschaften des Wirkstoffs »Thalidomid« bei der Behandlung von Leprakranken entdeckte. Die »Chemie Grünenthal« händigte daraufhin Restbestände des konfiszierten Schlafmittels zu Forschungszwecken an internationale Wissenschaftler aus. Heute wird der »Contergan«-Wirkstoff unter strengsten Ausgabeauflagen nicht nur zur Lepra-Behandlung, sondern auch in der Krebs- und Aids-Therapie sowie bei bestimmten Tumorbehandlungen mit Erfolg angewandt. In Brasilien, wo die Rate der Lepra-Erkrankungen besonders hoch ist, gibt es inzwischen wieder eine Generation von »Contergan«-Kindern. Analphabetinnen hatten den Warnhinweis missdeutet – auf der Packung war eine durchgestrichene schwangere Frau abgebildet – und das Präparat fälschlicherweise für eine Antibaby-Pille gehalten.

7. Keine Liebesheirat

Familie als Kollektiv – Die DDR *und ihre Familienserien »Aber Vati!« (1974) und »Rentner haben niemals Zeit« (1978)*

Bis die Wiedervereinigung eine andere Wahrheit ans Licht bringt, gehört die DDR zu den wenigen Ländern, die vom weltweiten »Contergan«-Skandal nicht betroffen sind. Ende der fünfziger Jahre, auf dem Höhepunkt des Kalten Krieges, gilt ein striktes Importverbot für Wirtschaftsgüter aus dem Westen, das Schlafmittel »Contergan« ist deshalb in der DDR als Medikament nicht zugelassen. Aber auch im zweiten deutschen Staat werden »Contergan«-Kinder geboren. Wohlmeinende Verwandte aus dem Westen haben das angeblich so besonders verträgliche Medikament als Mitbringsel in der Handtasche über die Zonengrenze geschmuggelt, bis die DDR einen »antifaschistischen Schutzwall« um ihr Staatsgebiet zieht. Als drei Monate später die gefährliche Nebenwirkung des Präparats bekannt wird, melden die internationalen Gesundheitsbehörden weltweit 10 000 Neugeborene mit den typischen »Contergan«-Schädigungen. Die DDR-Staatsführung hält ihre »Contergan«-Kinder geheim. Man will nicht zugeben müssen, dass die eigene Bevölkerung statt mit den heimischen Beruhigungsmitteln lieber mit einem Schlafmittel des »Klassenfeindes« zu Bett gegangen ist.

Bis zum 13. August 1961 haben 2,6 Millionen DDR-Bürger ihr Land verlassen und sind in den Westen geflohen. Mit dem Bau der Mauer hat die SED-Führung diesem Exodus nun ein Ende gemacht. Das staatliche Fernsehen hat bei diesem Überraschungscoup eine wichtige propagandistische

Funktion erfüllt: Tagelang sendet es ein ehrgeiziges »Sonderprogramm aus Anlass der Sicherung der Staatsgrenze« mit Nachrichten und Kommentaren, Direktschaltungen zu exponierten Punkten der Grenzziehung und einem illustren kulturellen Rahmenprogramm, das mit seinen vielen Solidaritätsbekundungen und Grußadressen namhafter Künstler eine breite Zustimmung im Volk demonstrieren soll. Der »Deutsche Fernsehfunk« (DFF) handelt im Auftrag der »Agitations-Kommission des ZK der SED«, dem das Staatsfernsehen direkt unterstellt ist.

Später wird dieses Sonderprogramm von der Parteiführung immer wieder als gelungenes Beispiel für die große »operative Wirksamkeit« des DDR-Fernsehens angeführt. Aber der DFF ist nicht der einzige Anbieter von Fernsehbildern. Die Sendesignale des Westfernsehens sind im ersten »Arbeiter- und Bauernstaat« auch nach dem Mauerbau noch störungsfrei zu empfangen, und mitten im Staatsgebiet der DDR strahlt der Berliner Funkturm die Programme des »Sender Freies Berlin« in alle Himmelsrichtungen ab. Umgekehrt erhebt auch das DDR-Fernsehen den Anspruch, für alle Deutschen Programm zu machen. Leistungsstarke Sendeeinrichtungen entlang der innerdeutschen Grenze ermöglichen seit 1956 den Empfang des DDR-Fernsehens in den Westzonen. So soll dem »Klassenfeind« die sozialistische Staatsform nahegebracht werden. Die Sendereihe »Telestudio West« wendet sich mit kritischen Kommentaren zu aktuellen ARD-Sendungen auch direkt an die West-Zuschauer. Die dafür nötige Aufzeichnungsmaschine hat das DFF für 100 000 West-Mark in der Bundesrepublik gekauft.

Mit der Schließung der Grenze wird der propagandistische Anspruch, den Westdeutschen die sozialistische Lebensweise medial zu vermitteln, weitgehend aufgegeben. Agitationsprogramme wie Karl-Eduard von Schnitzlers »Der schwarze Kanal« sollen jetzt das (Fernseh-)Bild vom goldenen Westen in den Köpfen der eigenen Zuschauer korrigieren. Noch besser wäre es natürlich, das Volk würde überhaupt kein Westfernsehen mehr schauen. Aber das Unternehmen »Ochsenkopf«, bei dem FdJ-Brigadisten ausgeschickt werden, um die Dachantennen von West- nach Ostempfang zu drehen, bringt nicht den gewünschten Erfolg. Zum einen kann der SFB in weiten Teilen der Republik aus jeder Himmelsrichtung empfangen werden, zum anderen lassen sich die Bürger ihr »Fenster zur freien Welt« nicht per Zentralratsbeschluss verriegeln: Wo es nicht anders geht, werden die Antennen ungeniert wieder gen Westen ausgerichtet, und sogar in öffentlichen Fernsehstuben der Betriebsclubs und Kulturzentren brechen Unbekannte die versperrten Kanalwähler immer wieder auf. Vorübergehend wird deshalb im Zentralkomitee eine »elektronische Mauer« diskutiert: Eine Kette aus Störsendern entlang der Grenze könnte den Empfang des ARD-Signals unmöglich machen. Andererseits hat das Westfernsehen nach dem Bau der Mauer eine wichtige Ventilfunktion. Letztlich scheut das Politbüro davor zurück, dem Volk auch noch diese virtuelle »Reisefreiheit« zu nehmen, und belässt es bei regelmäßigen Appellen, dem eigenen Fernsehprogramm den Vorzug zu geben.

Nach der Vorstellung des Staatsratsvorsitzenden Walter Ulbricht kommt dem Fernsehspiel im Klassenkampf eine besondere publizistische Funktion zu. Es soll in seinen Gegenwartsstücken die angestrebte neue Gesellschaft als bereits verwirklicht vorwegnehmen und so dem Publikum die sozialistische Zukunft schon einmal plastisch vor Augen führen. In den Serien und Fernsehspielen des DFF ist der real existierende Sozialismus deshalb so erfolgreich wie die Planwirtschaft auf dem Papier ihrer Fünfjahrespläne. Bestehende gesellschaftliche Konflikte oder Widersprüche werden systematisch ausgeblendet.

Um seine Rolle als »Mittel der Massenagitation« erfüllen zu können, muss das DDR-Fernsehen im Lande populär sein.

Und dafür ist es notwendig, das eigene Programm in Form und Inhalt mit dem Westfernsehen konkurrenzfähig zu machen. Mit einer gewissen Verzögerung vollzieht das DFF deshalb die Programmentwicklung der ARD systematisch nach: Es gibt Ratgebersendungen wie das »Journal für Sie«, Unterhaltungsshows wie »Da lacht der Bär« und die so genannten »Fernsehromane«. Nachdem im Westen das Flüchtlingsdrama »So weit die Füße tragen« 1959 ein Millionenpublikum sechs Abende lang an die Fernsehgeräte gefesselt hat, produziert auch der DFF ein solches Fortsetzungsabenteuer. In »Die Flucht aus der Hölle« spielt der junge Armin Müller-Stahl einen Fremdenlegionär, dem mit Hilfe der algerischen Befreiungsbewegung die Flucht in die DDR gelingt. Solche gegen das Westfernsehen gerichteten »Konter-Programme« sind durchaus publikumswirksam, aber gerade wegen ihres Erfolges nicht unumstritten: Durch den Fortsetzungscharakter, so die Befürchtung des DFF-Intendanten Heinz Adamek, könnten die Menschen davon abgehalten werden, zu Gewerkschafts- und Parteiversammlungen zu gehen oder andere wichtige gesellschaftliche Aufgaben zu erfüllen.

Das Verhältnis des Staates zu seinem Fernsehen ist und bleibt zwiespältig. Einerseits ist es als Propagandainstrument bestens geeignet, die Errungenschaften des Sozialismus direkt in die Wohnzimmer zu transportieren, anderseits hat auch im Osten der steigende Fernsehkonsum die Alltagsgewohnheiten verändert: Das »Pantoffelkino« bindet sein Publikum ans Haus. Aber das Leben des sozialistischen Menschen soll nicht daheim im Privaten, sondern draußen im Kollektiv stattfinden. Zwar steht die Familie seit 1968 auch in der DDR unter dem besonderen Schutz der Verfassung, aber die »kleinste Zelle der Gesellschaft« gilt nur als ein sozialistisches Kollektiv unter anderen. Bei der Erziehung der Bürger zu »Menschen der sozialistischen Gesellschaft« sollen Partei, Gewerkschaften, Hausgemeinschaften, Arbeitsbrigaden und nicht zuletzt die »Freie deutsche Jugend« (FdJ) ein Gegengewicht zum Familienkollektiv bilden. In der gesellschaftlichen Aufgabenteilung ist der Staat vor allem an der Reproduktionsfunktion der Familie interessiert: Um dem allgemeinen Geburtenrückgang entgegenzuwirken, der mit der Verbreitung der Antibabypille auch in der DDR zu spüren ist, wird die »Mehrkindfamilie« mit staatlichen Unterstützungsprogrammen systematisch gefördert. Ab 1972 zahlt der Staat zur Geburt jedes Kindes eine »staatliche Geburtenbeihilfe« aus, es gibt bezahlte Schwangerschaftsurlaube und Kindergeld, der Grundurlaub für Werktätige und die Zuteilung von Wohnraum hängen maßgeblich von der Zahl der Kinder ab.

Bewusst keinen Kinderwunsch zu haben gilt als kleinbürgerliche Haltung. Gleichzeitig vereinfachen die kostenlos erhältliche Antibabypille und Schwangerschaftsabbrüche nach der »Fristenlösung« die individuelle Familienplanung. Bei den Fördermaßnahmen sind Alleinerziehende den Familien unterschiedslos gleichgestellt; nicht die Ehe als autonome Versorgungsgemeinschaft, sondern lediglich die Mutterschaft als notwendige Voraussetzung für eine konstante Geburtenrate steht im Zentrum der staatlichen Förderprogramme. Ohnehin ist es gesellschaftlich erwünscht, dass die Frauen nach der Geburt möglichst schnell an ihren Arbeitsplatz zurückkehren und die Erziehung ihrer Kinder dem immer dichteren Netz staatlicher Betreuungseinrichtungen überlassen.

Da dem Familienleben im sozialistischen Wertekanon – anders als in der Bundesrepublik – keine besondere Bedeutung beigemessen wird, findet das Sujet »Familienserie« im DDR-Fernsehen der Ulbricht-Ära praktisch nicht statt. Das populäre Genre des Westfernsehens rückt erst 1971 in den Blick. Soeben ist Walter Ulbricht als Erster Sekretär des ZK der SED zurückgetreten. Sein Nachfolger Erich Honecker hat den Empfang von Westfernsehen als »Grundrecht der DDR-Bürger« nun auch offiziell freigegeben – lediglich Angehörigen von Polizei, Volksarmee und Volksbildung bleibt der Westempfang untersagt – und in einer Grundsatzrede auf dem VIII. Parteitag die Fernsehverantwortlichen des DFF öffentlich aufgefordert, »die Programmgestaltung zu verbessern, eine bestimmte Langeweile zu überwinden und den Bedürfnissen nach guter Unterhaltung Rechnung zu tragen«.

Die prominente Medienschelte führt im DFF zu einer umfassenden Programmreform; bereits im Herbst des Jahres geht die erste Folge einer neuen Krimireihe auf Sendung: Der »Polizeiruf 110« ist nach dem Muster des ARD-«Tatorts« konzipiert und wird wie sein West-Vorbild am Sonntagabend – aber bereits zur »Tagesschau«-Zeit um 20.00 Uhr – ausgestrahlt. Der neue DFF-Krimi hat prominente Paten, neben der »Agitations-Kommission des ZK der SED« haben sich auch das Innenministerium und sogar Ministerpräsident Willi Stoph persönlich an der Entwicklungsarbeit beteiligt. Auch wenn das Fernsehprogramm nun erklärtermaßen unterhaltsamer und spannender werden soll, muss es doch seine gesellschaftliche Vorbildfunktion weiter erfüllen. Der »Polizeiruf 110« darf deshalb zum Beispiel kein »Rätselkrimi« sein, in dem jede handelnde Person gleichermaßen verdächtig ist. Sonja Goslicki, 1971 Entwicklungsdramaturgin des »Polizeirufs 110«, erinnert sich nach der »Wende« an den offiziellen ideologischen Argumentationszusammenhang: »Kriminalität ist der sozialistischen Gesellschaft wesensfremd. Kriminalität nicht nur im idealen, sondern auch im realen Sozialismus erwächst aus den Überresten bürgerlichen Bewusstseins, ist daher nur bei wenigen, zurückgebliebenen Zeitgenossen anzutreffen, die in sich das Erbe des Kapitalismus noch nicht überwunden haben, ist mithin etwas Exotisches. Ein Film, der davon ausgeht, dass erst einmal jede handelnde Person zu einer Straftat fähig ist, kann folglich nur eine böswillige Verzeichnung der realen Lebensverhältnisse in der DDR sein.«

Auch das Genre »Familienserie«, das in der Bundesrepublik neben dem Krimi zu den beliebtesten Fernsehdramaturgien zählt, muss zunächst dem sozialistischen Familienleitbild angepasst werden. 1974 entsteht die vierteilige Mini-Serie »Aber Vati!«, in deren Zentrum ein verwitweter Familienvater steht: Erwin Mai ist in seinem Betrieb ein engagierter und angesehener Meister, aber als allein erziehender Vater ist er heillos überfordert. Seine beiden elfjährigen Zwillingssöhne Kalle und Kulle werden zwar von Erwins Schwester Elsbeth mitversorgt, aber angesichts ihrer Doppelbelastung als Verkäuferin in einem Modegeschäft und Mutter bleibt auch der Tante zu wenig Zeit für die Erziehung der Neffen. Sie setzt ihren Bruder deshalb vehement unter Druck, endlich wieder zu heiraten. Dass Erwin nicht viel davon hält, seine Freiheit aufzugeben, zeigt sich bereits in der anschließenden Szene, in der der Schlossermeister mit seinem Freund und Kollegen Fred, ebenfalls Witwer und allein erziehender Vater, über die Vor- und Nachteile einer zweiten Ehe spricht:

Fred: »Ich werde wieder heiraten ... (Erwin lacht ungläubig) ... Doch, doch! Ich bin wirklich fest entschlossen!«

Erwin: »Ich höre schon gar nicht mehr hin! Oder hast du jemand ganz Bestimmtes im Auge?«

Fred: »Was ich suche ... so eine Frau ist schwer zu finden.«

Erwin: »Fred, das weißt du ja, ich bin bestimmt glücklich verheiratet gewesen. Aber ein zweites Mal würde ich das Risiko nicht eingehen. Es ist nun mal ein verflixtes Risiko. Erst in der Ehe lernst du die Frau richtig kennen, die du dir da angelacht hast.«

Fred: »Anlachen ...? Ich will mir doch keine anlachen.«

Erwin: »Komm, komm, keine Wortklauberei! Sieh mal, eine schlechte Ehe – ich habe da so einen Fall in meiner Meisterei, das hat negative Auswirkungen auf alle Bereiche ... jawohl! ... Negative!«

Fred: »Ich weiß ja ... aber ...«

Nützliche Arbeit: Aber Vati!

Erwin: »Selbst wenn du das Glück hast und eine findest, mit der du gut harmonierst: Angebunden bleibst du trotzdem. Nee, nee, mein Alter, so wie ich jetzt lebe, fühle ich mich sauwohl.«

Fred: »Tja, du hast gut reden. Mir macht mein Uwe Sorgen. Meine Mutter verzieht ihn. Also, was ich mir manchmal wünsche: deine Art, die Dinge leichter zu nehmen. Und eine Schwester, die sich um alles kümmert. Du bist fein raus!«

Dem Wertekanon der sozialistischen Gesellschaft entsprechend geht es in dem Gespräch zwischen Erwin und Fred nicht um das individuelle Eheglück des Einzelnen, sondern um die bestmögliche Erziehung der nächsten DDR-Generation. Wäre die zum Beispiel durch eine staatliche Betreuungseinrichtung besser abgesichert, würde für Erwin überhaupt kein Handlungsdruck entstehen. So aber muss er sich am Ende der ersten Folge, »Vati will nicht heiraten«, doch auf die Suche nach einer geeigneten Stiefmutter für seine Kinder machen, nachdem sich sowohl die Hausgemeinschaft als auch die Klassenleiterin über das ungezogene Verhalten der Zwillinge beschwert haben. Den passenden Muttterersatz für Kalle und Kulle findet Erwin nach einigen Verwirrungen und Missverständnissen schließlich in Monika. Die ist ebenfalls allein erziehend und arbeitet als Zootechnikerin in einer LPG. Am Ende der zweiten Folge, »Vati will heiraten«, macht Erwin seiner Auserwählten einen schmucklosen Heiratsantrag – und bevor es überhaupt zu einer einzigen privaten Situation zwischen den beiden gekommen ist, willigt Monika mit größtmöglichem Pragmatismus in die Zweckehe ein.

Bereits ein halbes Jahr später wird sich Erwin fragen müssen, ob die kinderliebe Monika ihn womöglich nur wegen seiner Söhne geheiratet hat. Denn die junge Ehe wird schon in der nächsten Episode, »Vati hat geheiratet«, auf eine harte Probe gestellt: Monika hat die Möglichkeit, in ihrer LPG zur Schichtleiterin aufzusteigen. Um die weiten Anfahrtswege von der Berliner Innenstadt zum ländlichen Betriebshof zu sparen, könnte sie gemeinsam mit ihrem Mann und den Kindern auf dem Genossenschaftsgelände in einen modernen Bungalow ziehen. Ihrem Mann wird zudem die Möglichkeit eröffnet, als technischer Leiter bei der LPG anzufangen. Aber Erwin möchte ebenso wenig seine Meisterstelle bei der Berliner S-Bahn aufgeben, wie Monika auf ihre neue berufliche Herausforderung verzichten mag. Auf dem Höhepunkt der Ehekrise wendet sich Erwin erneut an seinen Freund Fred:

Fred: »Tja, Erwin, was soll ich dir da raten in so einer verzwickten Lage? Für mich wäre es ein Schlag und für den Betrieb wäre es natürlich auch nicht gut, wenn du hier weggingest. Aber davon darfst du dich ja nicht leiten lassen …«

Erwin: »Ach, und wovon denn?«

Fred: »Du solltest dich kühl und sachlich Folgendes fragen: ob du auf dem Gut vielleicht – ich sage vielleicht! – nützlichere Arbeit leisten könntest als hier.«

Erwin: »Nützliche Arbeit ... ach, Fred!«

Fred: »Und genauso solltest du Monikas Arbeit einschätzen. Schlussum: Der gesellschaftliche Nutzen eurer Arbeit sollte den Ausschlag geben für deine Entscheidung.«

Erwin: »Ich wollte von dir einen Rat als Freund, nicht als APO-Sekretär.« [APO = Abteilungsparteiorganisation der SED]

Fred: »Nun werde doch nicht komisch! Ich rede doch nicht mit einem gespaltenen Bewusstsein.«

Erwin: »Ach, hör doch auf zu diskutieren. Hat ja sowieso keinen Zweck.«

Die Serie, die ihrem Selbstverständnis nach eine unterhaltsame Familiengeschichte erzählen will, spiegelt in ihrer Handlungslogik unweigerlich das Dilemma der sozialistischen Familienpolitik wider: Einerseits beruht – ähnlich wie in der bürgerlichen Gesellschaft der Bundesrepublik – das sozialistische Familienideal auf einer vollständigen, auf der Ehe beruhenden »Mehrkindfamilie«, in der beide Elternteile erwerbstätig sind und sich die Hausarbeit partnerschaftlich teilen. Andererseits gilt in der sozialistischen Gesellschaft nicht die Liebe, sondern die Arbeit als »die erste Grundbedingung menschlichen Lebens« (Friedrich Engels). Aber die so genannten »Doppelverdiener«-Familien – angesichts der niedrigen Löhne oft genug eine ökonomische Notwendigkeit – sind in der Regel großen Alltagsbelastungen ausgesetzt: In den siebziger Jahren wird in der DDR im Durchschnitt 42,5 Stunden pro Woche gearbeitet, eine Vollzeitbeschäftigung gilt auch für Frauen als »moralische Pflicht«. Zur eigentlichen Erwerbsarbeit kommen noch die erwarteten gesellschaftlichen Aktivitäten in »Feierabendbrigaden« oder Parteigremien und das stundenlange »Schlangestehen« beim Einkauf begehrter Konsumgüter. Für Familienaktivitäten bleibt im DDR-Alltag meist nur das Wochenende. Viele Partnerschaften halten diese Entfremdung nicht lange aus: Nirgendwo auf der Welt werden so viele Ehen geschieden wie in der DDR.

Beim WDR ist der Versuch von Rainer Werner Fassbinder und Peter Märthesheimer einmalig geblieben, mit »Acht Stunden sind kein Tag« im eher menschelnden Genre »Familienserie« auch Klassenkämpferisches aus der Arbeitswelt zu erzählen. Den DFF-Dramaturgen fällt es angesichts ihrer ganz anderen gesellschaftlichen Rahmenbedingungen schwer, eine Familienserie zu konstruieren, in der nicht unweigerlich die Arbeit in den Mittelpunkt der erzählerischen Aufmerksamkeit rückt – es sei denn, die Helden ihrer Seriengeschichten haben ihre Erwerbsarbeit bereits für immer beendet: In der 20-teiligen Familienserie von 1978 »Rentner haben niemals Zeit« haben die Autoren Ursula Damm-Wendler und Horst Ulrich Wendler mit dem Rentnerehepaar Anna und Paul Schmidt zwei »Veteranen der Arbeit« ins Zentrum der Handlung gestellt. Die Serie geht auf das Manuskript eines pensionierten Lehrers aus Glauchau zurück, der dem DFF eine 600 Seiten starke Textsammlung mit Episoden und Beobachtungen aus seinem Rentnerdasein geschickt hat. Im Auftrag der Abteilung »Serienproduktion« des DFF entwickeln die beiden Drehbuchautoren daraufhin das »Szenarium« für »Rentner haben niemals Zeit«. Die 25-Minuten-Folgen sollen nicht auf dem etablierten Serienplatz am Freitagabend ausgestrahlt werden, sondern im Vorabendprogramm am Samstag. So ist gewährleistet, dass sich Großeltern, Eltern und Kinder das Programm gemeinsam anschauen können.

Die Rentner sind in der DDR eine wichtige Bevölkerungsgruppe, obwohl die Ideologie des Marxismus-Leninismus den Alten keine größere gesellschaftliche Bedeutung zuschreibt und auch für die SED die »Arbeit die wichtigste

Sphäre des gesellschaftlichen Lebens« ist. Aber bis zum Mauerbau 1961 sind viele junge Erwachsene in den Westen abgewandert und seitdem ist die Gesellschaft strukturell zunehmend überaltert. Das SED-Parteiprogramm von 1963 formuliert deshalb explizit die gesellschaftliche Notwendigkeit, für die Werktätigen nach dem Erreichen des offiziellen Rentenalters »entsprechende Arbeitsmöglichkeiten zu schaffen, in denen sie nützliche Tätigkeiten verrichten können, die sie befriedigen und die dazu beitragen, ihr Einkommen zu verbessern.« Angesichts des niedrigen Niveaus der staatlichen Renten, das lediglich die Grundversorgung sichert, bleiben die meisten Rentner ihrem alten Arbeitsplatz treu, solange es die Gesundheit zulässt. Aber auch für diejenigen, die nicht mehr aktiv im Produktionsprozess stehen, ist der ehemalige Betrieb mit seinen Freizeitangeboten und Erholungsreisen eine wichtige soziale Anlaufstelle. Um möglichst viel Familiäres erzählen zu können, weicht »Rentner haben niemals Zeit« in diesem Punkt erheblich von der sozialen Wirklichkeit ab: Dass das rüstige Rentnerehepaar Paul und Anna zwar gelegentlich an den organisierten Urlaubsreisen ihres Back-Kombinates teilnimmt oder dessen Ferienheime nutzt, sich aber darüber hinaus kaum im ehemaligen Betrieb engagiert, wird in der Zuschauerpost entsprechend oft moniert.

Dafür haben die Autoren von »Rentner haben niemals Zeit« eine andere wichtige gesellschaftliche Funktion der Alten in den Vordergrund ihrer Serie gerückt: Weil die Eltern mit Vollzeitbeschäftigung, Parteiverpflichtung und Ehrenämtern zeitlich stark beansprucht sind, werden die Großeltern in der Regel systematisch in die Erziehung der Kinder einbezogen. Oft wohnen Oma und Opa deshalb in unmittelbarer Nähe, um nach der Schule das Mittagessen bereitzustellen oder am Abend Babysitter-Dienste zu übernehmen. Auch Paul und Anna nehmen regelmäßig ihre Enkelkinder über Nacht bei sich auf, gelegentlich gesellt sich – wie in der

Folge »Der Koffer« – auch schon mal ein »fremdes« Kind dazu, dessen Eltern es nicht mehr geschafft haben, ihren Nachwuchs rechtzeitig aus der Kindertagesstätte abzuholen. In ihrer aufopferungsvollen Hilfsbereitschaft unterscheiden sich die Schmidts des DDF-Fernsehens nicht von Familie Scholz aus den »Unverbesserlichen«. Aber während die West-Serie einen Großteil ihrer dramaturgischen Spannung aus dem ständigen Wechsel überzogener Erwartungen und erlittener Enttäuschungen bezog, schlägt »Rentner haben niemals Zeit« aus der komplexen »Drei-Generationen-Familie« kaum emotionales Kapital: Nur in Ausnahmefällen liegt den dramatischen Konflikten eine tiefere seelische Anspannung zugrunde. Meist ist das eingangs entwickelte »Drama« am Ende mit Pragmatismus und Tatkraft so leicht zu beheben wie in der Folge »Möglichkeiten«, in der Opa Paul die Ehekrise seines Sohnes löst, indem er dessen Wohnung umräumt: Weil Karl-Heinz und Maria durch Schichtdienste und Fortbildungskurse völlig unterschiedliche Lebensrhythmen und Alltagsbedürfnisse haben, geraten die beiden immer öfter aneinander. Nachdem Paul die gemeinsam genutzten Wohn- und Schlafräume der Eheleute ungefragt in zwei getrennte »eigene« Zimmer umfunktioniert hat, verstehen sich Maria und Karl-Heinz »über Nacht« wieder besser.

Zu den wenigen Geschichten mit einer größeren emotionalen Fallhöhe gehören jene Episoden, in denen es um Stiefkind-Problematiken geht. Aufgrund der hohen Scheidungsraten gehören in der DDR solche Patchworkfamilien zum sozialen Alltag; vielleicht aus ideologischen Gründen – das DDR-Fernsehen soll schließlich eine Vorbildfunktion erfüllen – wird in »Rentner haben niemals Zeit« die Abwesenheit eines Elternteils aber praktisch nie durch eine gescheiterte Ehe motiviert, sondern – wie in »Aber Vati!« – bevorzugt durch den Tod von Vater oder Mutter erklärt. Auch die Frau, die Paul und Annas jüngsten Sohn Günther heiratet, ist bereits Witwe. In ihre neue Ehe bringt Silke zwei halbwüchsige

Töchter mit, die nach dem Tod ihres ersten Mannes von dessen Eltern erzogen worden sind. Die Episode »Der neue Vater« thematisiert, wie schwer es den Rentnern fällt, auf diese lieb gewonnene Betreuungsaufgabe zu verzichten und in Günther den neuen Vater ihrer Enkel zu akzeptieren. Als Günther spürt, dass er im Wettstreit um die Gunst seiner Stieftöchter keine Chance gegen die eifersüchtigen Großeltern hat, beschließt er Hals über Kopf, die Familie zu verlassen. Wie in »Aber Vati!« spielt hier das Liebesverhältnis zwischen den Eheleuten nur eine nachrangige Rolle. Tatenlos sieht Silke zu, wie ihre Ehe mit Günther durch das unsensible und egoistische Verhalten der Schwiegereltern in die Brüche geht. Auch das Krisenmanagement von Oma Anna Schmidt setzt darauf, dass die Lösung der Ehekrise ausschließlich von Silkes Töchtern ausgehen kann. Und tatsächlich: Als die ihrem Stiefvater mit einer symbolischen Geste ihre Zuneigung demonstrieren, ist Günther sofort wieder bereit, die Ehe fortzusetzen.

Mit der 20. Episode, »Die Kur«, findet die Serie »Rentner haben niemals Zeit« planmäßig ihren Abschluss. In einem dramatischen Finale wird erstmals Annas rastlose Hilfsbereitschaft als persönliche Überforderung problematisiert: Statt in die Kur zu fahren, übernimmt sie einmal mehr die Betreuung ihrer Enkel und hilft auch noch auf ihrer alten Arbeitsstelle bei der Post aus. Aber diesmal rächt sich die übergroße Selbstlosigkeit. Anna erleidet einen Schwächeanfall und muss für ein paar Tage ins Krankenhaus. Dass sie nun »zum alten Eisen« gehört, macht der Rentnerin schwer zu schaffen. Zu Hause gerät Paul ebenfalls an seine Leistungsgrenzen: Die Betreuung der Kinder, die Versorgung des Haushalts und die Besuche im Krankenhaus belasten ihn schwer. Es wird deutlich, dass Anna und Paul nicht nur gute Genossen, hilfsbereite Nachbarn und selbstlose Großeltern, sondern auch alte Leute sind, die sich nicht mehr unbegrenzt Belastungen zumuten können. Anna muss Paul versprechen, in Zukunft etwas »kürzer zu treten«. Diesen Rückzug ins Private wird die Serie aber nicht mehr zeigen; das Fernsehen der DDR verhält sich gegenüber seinen Serienhelden so unsentimental wie der Arbeiter- und Bauernstaat gegenüber jenen, die aus dem Produktionsprozess unwiderruflich ausgeschieden sind: Drei Jahre nach dem Mauerbau hat die DDR-Führung aufgrund des großen internationalen Drucks ein erstes Zugeständnis an die Reisefreiheit gemacht, im Advent 1964 gestattet das neue »Passierscheingesetz« erstmals 40 000 DDR-Bürgern einen Verwandtenbesuch ins »nichtsozialistische Ausland«. Die Möglichkeit zur vorweihnachtlichen Republikflucht erhalten freilich nur Rentner. Wer nicht mehr produktiv ist, gilt dem Staat als entbehrlich.

8. Spiel ohne Grenzen

Letzte öffentlich-rechtliche Selbstvergewisserungen – Die ARD-Monumentalserien »Heimat« (1984) und »Lindenstraße« (1985)

Die Daten der DDR-Zuschauerforschung sind nur für den »internen Gebrauch« bestimmt. Aus gutem Grund hält das »Fernsehen der DDR« die Zahlen zurück: Mit einer Sehbeteiligung von nur 33 Prozent hat das eigene Programm 1982 in der Publikumsgunst seinen vorläufigen Tiefpunkt erreicht. Zudem steckt die DDR-Filmkunst – und damit auch die Fernsehspielproduktion – seit einiger Zeit in einer dramatischen Krise: Nach der Ausbürgerung des Liedermachers Wolf Biermann 1976 haben namhafte Schauspieler, Dramaturgen und Regisseure ihrerseits Ausreiseanträge gestellt, bis zur Übersiedlung in den Westen werden sie dafür mit einem Berufsverbot belegt. Wichtige Publikumslieblinge wie Manfred Krug, Angelica Domröse oder Hilmar Thate fehlen dem Fernsehen jetzt nicht nur für zukünftige Produktionen, auch ihre alten Filme dürfen ab sofort nicht mehr wiederholt werden. Dabei besteht eine immer dringendere Notwendigkeit, das eigene Fernsehprogramm attraktiv zu gestalten, seit in der Bundesrepublik Vorbereitungen getroffen werden, neben dem öffentlich-rechtlichen Rundfunk auch kommerzielle Fernsehanbieter zuzulassen. 1983 beschließt die DDR deshalb eine weitere Programmreform: Reportagen oder Fernsehspiele, die brisante Gesellschaftsthemen verhandeln, werden weitgehend gestrichen. An ihre Stelle treten internationale Kinoproduktionen, sentimentale Historiendramen und literarische Klassikeradaptionen. Sein programmatisches Sendungsbewusstsein hat das »Fernsehen der DDR« damit endgültig aufgegeben. In Zukunft wird es nur noch darum gehen, überhaupt noch jemanden zu erreichen.

Aber auch die Programmverantwortlichen des »Klassenfeinds« im Westen fürchten sich vor dem »medienpolitischen Urknall«, den die Politik für den 1. Januar 1984 angekündigt hat. Schon seit Ende der siebziger Jahre plant die Bundespost den Aufbau eines Datenkabelnetzes, mit dem man eine größere Anzahl von Fernsehsignalen übertragen kann. Noch aber zögert der Postminister der sozial-liberalen Koalition, Kurt Gscheidle, mit der großflächigen Verkabelung der Bundesrepublik die Kommerzialisierung der Rundfunklandschaft entscheidend zu beschleunigen. Die CDU-regierten Länder, allen voran die Pfälzer Bernhard Vogel und Helmut Kohl, würden das öffentlich-rechtliche Rundfunkmonopol dagegen sehr gerne mit einer konservativeren, volksnäheren Stimme brechen und setzen deshalb große Hoffnung auf den neuen, »freien« Markt kommerzieller Fernsehsender. Im Mai 1978 beschließen die Ministerpräsidenten der Länder vier Kabel-Pilotprojekte in München, Berlin, Dortmund und Ludwigshafen. Ein so genannter »Kabelgroschen« als Teil der Rundfunkgebühr wird diese befristeten Versuchsprogramme finanzieren.

Dass das Privatfernsehen, wie der niedersächsische Ministerpräsident Ernst Albrecht prophezeit, eine »größere Herausforderung als die Kernenergie« werden könnte, beunruhigt die Programmverantwortlichen bei ARD und ZDF. Wie ihre Kollegen hinter dem Eisernen Vorhang wollen auch sie sich frühzeitig mit einem gefälligeren Programmangebot gegen die neue Konkurrenz wappnen: So entstehen Showkonzepte wie »Bios Bahnhof«, Kino-Koproduktionen wie Hans W. Geißendörfers »Der Zauberberg« und Miniserien wie »Rote Erde«, die nach dem Muster der US-Serie »Roots« deutsche Sozialgeschichte als Familiendrama aufarbeitet. Auch der zeitkritische Fernsehfilm soll sich von seinem »Wirklichkeitsfaschismus« (WDR-Fernsehspielchef Rohrbach) lösen und als Kunstform wieder emotionaler und »frei werden für Phantasie«.

Zum heftig und kontrovers diskutierten Modellfall für dieses neue, emotionalere Fernsehen wird die US-Serie »Holocaust«. Der Fernsehkanal NBC hat diese vierteilige Serie in Auftrag gegeben, nachdem ein Konkurrenzsender mit der Familiensaga »Roots« über die Geschichte der amerikanischen Sklaverei 70 Millionen Zuschauer erreicht hatte. Nach dem dramaturgischen Muster von »Roots« erzählt auch »Holocaust« seine Geschichte der nationalsozialistischen Judenverfolgung am Beispiel zweier Familien, die sich kennen, aber auf verschiedenen Seiten stehen: Der Berliner Arzt Dr. Weiss und seine Angehörigen werden als Juden das »Dritte Reich« mehrheitlich nicht überleben, die Fernsehserie begleitet ihren Leidensweg von der deutschen Hauptstadt über das Warschauer Ghetto bis zu den Gaskammern des Vernichtungslagers Auschwitz. Zu den Patienten des Dr. Weiss hatten in Berlin auch der junge Rechtsanwalt Erik Dorf und seine Familie gehört. Als juristischer Berater von Heydrich und Himmler macht Dorf eine steile Nazi-Karriere und beteiligt sich nach der Wannsee-Konferenz tatkräftig an der dort beschlossenen »Endlösung der Judenfrage«.

Der Vierteiler, von dem die »Times« vermutet, er könne »mehr Menschen aufrütteln als jedes andere Stück seit dem Tagebuch der Anne Frank«, wird 1977 zum Teil an Originalschauplätzen in Berlin und Wien gedreht. »Holocaust« sehen sich in ganz Amerika 120 Millionen Menschen an – das sind fast doppelt so viele wie bei »Roots«. In den USA wird dieser immense Quotenerfolg durchaus zwiespältig aufgenommen. Dass die Leidensgeschichte der Familie Weiss genauso oft von Werbespots unterbrochen worden ist wie »Rauchende Colts« oder »Kojak«, halten viele für eine Beleidigung der Opfer und Überlebenden. Von der zum Teil sehr erregt ausgetragenen »Holocaust«-Debatte erfahren zufällig auch zwei deutsche Sozialdemokraten, die gerade auf Besuchsreise in den USA weilen. Zurück in Bonn erwirken Georg Leber und Horst Ehmke einen offiziellen SPD-Beschluss: Die sozialdemokratischen Parteimitglieder sollen sich in den Rundfunkräten von ARD und ZDF für einen Ankauf der Serie stark machen.

Diese Empfehlung ist freilich gar nicht mehr nötig, denn der umtriebige Günter Rohrbach hat schon während der Dreharbeiten in Deutschland mit NBC über eine Kaufoption verhandelt. Die ohnehin heikle Debatte über die ästhetische und dramaturgische Qualität von »Holocaust« – Peter Schulze-Rohr vom SWF hat die Serie bereits als »fahrlässig gemachten Schund« kritisiert – wird nun auch noch parteipolitisch belastet: Reflexartig formiert sich im konservativen Lager Widerstand gegen die von der SPD favorisierte Ausstrahlung im ARD-Hauptprogramm. Für diesen Fall droht der BR mit Ausstieg aus dem Gemeinschaftsprogramm. So wird »Holocaust« schon vorab zum viel diskutierten Medienereignis. Schließlich einigt sich die Programmkonferenz der ARD darauf, die Serie zeitgleich in allen Dritten Programmen zu zeigen. Im Anschluss an jede Folge wird es eine Live-Diskussion geben, an der sich die Zuschauer per Telefon beteiligen können. Im Januar 1979 erreicht »Holocaust« an vier aufeinander folgenden Abenden mehr als 20 Millionen Zuschauer – das ist fast die Hälfte der erwachsenen Gesamtbevölkerung. Auch der Münchner Filmemacher Edgar Reitz hat sich die umstrittene Serie angesehen. Empört notiert er in sein Tagebuch: »Jetzt kommt der Onkel aus Amerika, zieht ›Holocaust‹ aus der Tasche, Millionen sitzen an der Bildröhre, Tausende rufen an, Zigtausende weinen…« Reitz' Verbitterung über das Ausmaß der deutschen Betroffenheit ist groß. Denn die filmische »Vergangenheitsbewältigung« war in den letzten Jahren immer wieder Thema seiner eigenen künstlerischen Arbeit, aber weder die Kriegsgroteske »Die Reise nach Wien« (1973) noch das Nachkriegsdrama

»Stunde Null« (1976) hatten in Kino oder Fernsehen annähernd eine solche öffentliche Resonanz erfahren.

Edgar Reitz, 1932 im Hunsrück geboren, hat seine Regiekarriere Ende der fünfziger Jahre als Werbefilmer begonnen. Nach einem theaterwissenschaftlichen Studium in München und der Mitarbeit bei dem Studentenfilm »Schicksal einer Oper« heuert der junge Familienvater 1959 nicht zuletzt aus finanziellen Erwägungen bei den »Farbwerken Bayer-Leverkusen« als Industriefilmer an. Seine ersten Kurzfilme heißen »Krebsforschung« oder »Ärztekongreß«; bis 1965 dreht Edgar Reitz rund fünfzig solcher Werbe- und Industriefilme, die aufgrund ihrer experimentellen Filmsprache auch auf internationalen Filmfestivals Beachtung finden. Seine Auftraggeber lassen dem jungen Filmemacher viel künstlerischen Freiraum – die Multimedia-Installation »VariaVision«, die die Filmfigur Hermann in »Die zweite Heimat« später mit so viel Engagement betreiben wird, hat Reitz zum Beispiel für die Bundesbahn tatsächlich umgesetzt – und so macht sich der Münchner in der Kurzfilmszene schnell einen Namen. Reitz gehört 1962 zu den Initiatoren des »Oberhausener Manifests«, das nach dem Vorbild der französischen Filmbewegung »Nouvelle vague« auch für den deutschen Film einen Neuanfang fordert, und gründet wenig später gemeinsam mit Alexander Kluge die Filmabteilung der »Hochschule für Gestaltung Ulm«.

Als erfolgreicher Experimentalfilmer und Chef-Theoretiker der Ulmer Filmschule ist Edgar Reitz zwar eine feste Größe im Zirkel des »Jungen deutschen Films«, aber seinen Spielfilmen bleibt die letzte Anerkennung verwehrt. Zu Stars des deutschen Autorenfilms werden andere: Alexander Kluge, Wim Wenders oder Volker Schlöndorff. Mit »Die Reise nach Wien« will Edgar Reitz 1973 endlich die Wende einleiten, der WDR finanziert die vielversprechende Koproduktion, in der neben den Publikumslieblingen Mario Adorf und Elke Sommer auch Romy Schneider spielen soll, mit einer halben Million Mark. Der Gloria-Filmverleih steuert weitere 700 000 Mark Verleihgarantie bei, springt aber ab, als Romy Schneider absagt. Am Ende wird eine der teuersten Produktionen des Jahres zum größten Flop der Saison: Die Kritiker mögen das Stück nicht, und im Kino kann sich »Die Reise nach Wien« keine zwei Wochen halten. Mit »Stunde Null« ergeht es Edgar Reitz nicht viel besser, und als im Dezember 1978 mit »Der Schneider von Ulm« auch noch sein bis dahin ehrgeizigstes und aufwändigstes Filmvorhaben ähnlich glorios scheitert, ist Edgar Reitz nicht nur als Regisseur am Boden zerstört, sondern auch als Produzent finanziell am Ende.

Waidwund zieht er sich in ein Ferienhaus auf Sylt zurück, um über seine berufliche Zukunft nachzudenken. Als er sich dort »Holocaust« im Fernsehen ansieht, liegt sein eigener Filmflop gerade mal sechs Wochen zurück. Dass die US-Serie mit ihren »eindeutigen Konstruktionen, Typisierungen und emotionalen Pappkameraden« einen so großen gesellschaftlichen Widerhall finden kann, versetzt den frustrierten Autorenfilmer in eine produktive Wut: »Die Amerikaner haben mit ›Holocaust‹ uns Geschichte weggenommen«, notiert er verärgert in sein Tagebuch. »Nicht eine einzige Situation kann sich genau so im Leben eines dieser vielen armen Menschen abgespielt haben.« Gegen die Erzählkonvention der »Kommerzdramaturgen à la ›Holocaust‹« stellt der Erzähler Reitz die Einmaligkeit individueller Erlebnisse: »Wenn es eine sinnvolle Auseinandersetzung mit dem Dritten Reich und seinen Gräueltaten in unserem Land geben soll, so kann diese sich nur in der gleichen Art abspielen, in der wir täglich uns Aufschluss verschaffen müssen über die Welt, in der wir leben.«

Am Anfang von »Heimat« steht der Anspruch, es anders und besser als »Holocaust« zu machen. Mit seiner einen Familiengeschichte aus dem Hunsrück will Edgar Reitz allen

Deutschen ihre Geschichte zurückgeben. Gemeinsam mit Peter Steinbach, der schon das Drehbuch zu »Stunde Null« geschrieben hat, kehrt Reitz in seine Heimat zurück. In dem Hunsrücker 200-Seelen-Dörfchen Woppenroth quartieren sich die beiden monatelang ein, sprechen mit den alten Dorfbewohnern, wälzen Kirchen- und Zeitungsarchive, durchstöbern die Gegend. So entsteht aus den vielen Anekdoten und Erinnerungsfetzen der Einheimischen die fiktive Lebensgeschichte der Maria Simon und ihrer Familie. Die Wendepunkte der Weltgeschichte werden in »Heimat« auf das Maß des Dorfes »Schabbach« – den Ortsnamen hat Edgar Reitz zufällig in einem Familienregister gefunden – gebracht: Das neue Kriegerdenkmal markiert den wieder erstarkenden Militarismus der Weimarer Republik, der Bau der »Reichshöhenstraße« kündigt den Imperialismus des »Dritten Reichs« an. In den alltäglichen Erlebnissen der Bäuerin Maria, die so alt ist wie das Jahrhundert, spiegelt Edgar Reitz die kollektiven Erfahrungen eines ganzen Volkes. Wie in »Holocaust« soll auch in »Heimat« Zeitgeschichte anhand einer Familienchronik emotional erfahrbar gemacht werden. Aber anders als das typisierte Personal der US-Serie, das nach dem Stellvertreterprinzip alle Stationen der Shoah durchlaufen muss, verweigert Edgar Reitz mit dem spröden Lebensentwurf seiner Hauptfigur Maria ein ums andere Mal das Exemplarische zugunsten des Unverwechselbaren.

Der WDR zeigt sich an dem eigenwilligen Mammutprojekt »Heimat« interessiert und bewilligt für 16 Filmstunden zehn Millionen Mark. Während Reitz nun in allen Winkeln der Republik Theater und Künstleragenturen besucht, weil er für sein Ensemble ausschließlich unentdeckte Gesichter engagieren will, entsteht in Woppenroth und Umgebung das fiktive Örtchen »Schabbach« mit seiner langen Dorfstraße, der Dorfschmiede und dem »Simon-Haus«. Die malerische Landstraße, auf der im Film Paul Simon zunächst als Soldat aus dem Ersten Weltkrieg, später dann als »Tellerwäschermillionär« aus Amerika in die Heimat zurückkehren wird, liegt Kilometer entfernt in Maitzborn. Die Schmiede, Existenzsicherung der Familie Simon und emotionales Wärmezentrum der Filmerzählung, steht in Gehlweiler. Der gesamte Landstrich, durch den Edgar Reitz als kleiner Junge mit dem Fahrrad gefahren ist, wird 1983 zu einem gigantischen Filmset. Monatelang kommt der Alltag in Woppenroth und Umgebung zum Erliegen: Die elektrischen Melkmaschinen müssen abgestellt, die geteerten Dorfstraßen mit einer dicken Steinschicht überschüttet, die modernen Häuserfassaden aus Eternit mit einer Fachwerk-Blende überdeckt werden. Während die Schauspielprofis Hunsrücker Dialekt büffeln, teilt Reitz die Dorfbewohner für die Komparserie ein. Schließlich werden an 282 Drehtagen in fünfzig Orten 32 Haupt-, 159 Nebendarsteller und 4000 Komparsen die »Heimat« von Edgar Reitz entstehen lassen. Im Sommer 1984 kann der 16-Stunden-Film endlich an zwei

Requiem der kleinen Leute: Heimat

aufeinander folgenden Tagen in einem Münchner Kino uraufgeführt werden. Die Kritik bejubelt das »Kinoereignis, das alle Grenzen sprengt« (»Süddeutsche Zeitung«) als »deutsches Meisterwerk« (»Frankfurter Allgemeine«). Auf der Biennale in Venedig wird Reitz für sein »Requiem der kleinen Leute« (»Zeit«) mit rauschendem Beifall gefeiert, durch sein Filmepos erhält das Fremdwort »Heimat« Einzug in den englischen und französischen Wortschatz.

Zwischen September und November 1984 wird »Heimat« im ARD-Programm ausgestrahlt und mit 10 Millionen Zuschauern ein unerwartet großer Publikumserfolg. Die Woppenrother stellen nun ein Ortsschild mit dem Namen »Schabbach« an den Eingang des Dorfes, damit die Schaulustigen aus allen Teilen der Republik nicht orientierungslos in der Gegend herumirren. An einem Dezembersonntag werden 3000 Neugierige gezählt, die sich auf die Suche nach der Simon-Schmiede in den Hunsrück aufgemacht haben. Später, nachdem der WDR »Heimat« an dreißig internationale Fernsehstationen verkauft hat, machen auch Bustouren mit Holländern, Schweden, Franzosen, Amerikanern, Engländern und sogar Japanern in »Schabbach« Station. Das Ortsschild muss der Bürgermeister von Woppenroth abends abmontieren und mit nach Hause nehmen, um es vor Dieben zu schützen. So oder so verschwindet »Schabbach« jedes Mal über Nacht.

Während die Besucher aus dem »Global Village« den Hunsrück nach dem fiktiven Dörfchen Schabbach absuchen, baut ein anderer deutscher Autorenfilmer am Kölner Stadtrand bereits an einer neuen künstlichen Lebenwelt. Wieder ist der WDR der Auftraggeber, und auch diesmal hat die Idee außerordentliche Dimensionen. Hans W. Geißendörfer möchte eine Fernsehserie drehen, die nie mehr aufhört. Auf einem Produktionsgelände des WDR entstehen deshalb ein Dutzend Filmwohnungen. Zu dem 1500 Quadratmeter großen Studiokomplex gehört auch eine 150 Meter lange Außenkulisse: die Lindenstraße.

Die Idee zur »Lindenstraße« hat der Münchner Regisseur von einer Londonreise mitgebracht. Mit der Endlosserie »Coronation Street« begeistert der englische Kommerzsender ITV seit 1960 ein Millionenpublikum. Der Spielort der Serie ist ein Straßenzug mit sieben Stadthäusern, einer Fabrik, ein paar Geschäften und einem Pub. Im Zentrum der Fortsetzungsgeschichten stehen die alltäglichen kleinen und großen Sorgen der Bewohner. Als Hans W. Geißendörfer zum ersten Mal mit der »Coronation Street« in Berührung kommt, ist die Serie bereits mehr als zwanzig Jahre alt. Eine ganze Zuschauergeneration ist mit dem konservativen Kleiderfabrikanten Mike Baldwin und der vorlauten Kneipenpächterin Annie Walker groß geworden. Und weil die Dauerserie ihre Geschichten in Echtzeit erzählt, sind auch in der »Coronation Street« im Laufe der Zeit aus Kindern Eltern und aus Eltern Greise geworden. Solche engen Verknüpfungen zwischen Fernsehen und Leben möchte Geißendörfer auch in Deutschland herstellen.

Bereits 1962 hatte sich der SFB an einer Adaption der »Coronation Street« versucht. Die »Jedermannstraße 11« war einmal pro Woche am Vorabend im Werbefernsehen ausgestrahlt worden, hatte aber keine nennenswerte Publikumsresonanz erfahren. Die Serie war nach drei Jahren und 26 Folgen wieder eingestellt worden, ohne sich einen Platz im kollektiven Gedächtnis der Fernsehzuschauer erobert zu haben. Im Januar 1983 – zwei Monate zuvor ist in Woppenroth die letzte Klappe für »Heimat« gefallen – kann Geißendörfer den neuen WDR-Fernsehspielchef Gunter Witte für sein monumentales Fernsehprojekt gewinnen. Wie Edgar Reitz erhebt auch Geißendörfer den Anspruch, mit seiner Gegenwartsserie deutsche Zeitgeschichte zu reflektieren, dramaturgisch und ästhetisch wird seine »Lindenstraße« aber das Komplementär zu Edgar Reitz' »Heimat« bilden: Während Reitz in minutiöser Genauigkeit den Hunsrücker Landstrich in seinen authentischen Urzustand zurückversetzt hat, ist die »Lindenstraße« nur halbherzig in einem Münchner Irgendwo verortet. Wo Reitz seine Dorfchronik auf eine Familie konzentriert, initiiert Geißendörfer in seinem Mehrfamilienhaus ein weit verzweigtes nachbarschaftliches Sozialgebinde. Vermeidet »Heimat« mit Bedacht jede »Höhepunkt-Dramaturgie«, um »den Zuschauer in eine Wahrnehmungssteuerung zu bringen, in der es egal wird, wie viele Stunden es dauert« (Reitz), beendet Geißendörfer jede Folge mit einem dramatischen Paukenschlag, dem so genannten »Cliffhanger«. Während der Cineast Reitz sein Epos selbstverständlich auf dem Kinoformat 35mm dreht und diese prächtig tiefenscharfen Bilder durch den ständigen Wechsel zwischen Schwarz-Weiß- und Farbmaterial geheimnisvoll auflädt, experimentiert Geißendörfer mit modernen Produktionsabläufen und dem preiswerten, aber optisch flachen Videobild. Blickt Edgar Reitz weit in die Vergangenheit zurück, um so die Gegenwart begreifbar zu machen, fasziniert es Geißendörfer, dass er mit seiner zeitnah gedrehten Nachbarschaftsserie – geplant ist ein Produktionsvorlauf von wenigen Wochen – kommentierend auf aktuelle gesellschaftliche Ereignisse eingehen kann. Hat sich Edgar Reitz nach »Holocaust« die deutsche Geschichte von den Amerikanern »zurückgeholt«, will Hans W. Geißendörfer mit der Endlosserie »Lindenstraße« die gesellschaftliche und mediale Zukunft des Landes perspektivisch mitgestalten.

Aber hinter der Idee zur »Lindenstraße« stehen auch handfeste ökonomische Interessen: Die Produktionsfirma von Hans W. Geißendörfer braucht nach einem ruinösen Kinoprojekt dringend einen »sicheren« Auftrag, Gunter Witte möchte in Erwartung der kommerziellen Konkurrenz eine Serie in kostengünstiger Fließbandproduktion herstellen. Auf dem WDR-Studiogelände in Köln-Bocklemünd soll schon mal die Zukunft des Fernsehens ausprobiert werden. Das sensationelle Pensum von 35 Serienminuten pro Woche hat man sich vorgenommen. Was weder Geißendörfer noch Witte ahnen können: Nur zehn Jahre später wird der WDR auf diesem Studiogelände pro Tag 25 Serienminuten der Daily Soap »Verbotene Liebe« produzieren.

Drei Jahre dauern die dramaturgischen und technischen Vorbereitungen, bis es der »Geißendörfer Filmproduktion« und dem WDR machbar erscheint, die »Lindenstraße« verlässlich jede Woche in Sendequalität herzustellen. Gedreht wird arbeitsteilig an vier Tagen der Woche und vorwiegend im Studio. So kostet eine Minute »Lindenstraße« nur 7000 Mark. Niemand weiß, wie das deutsche Publikum auf die ästhetisch anspruchslose Billigproduktion reagieren wird; die Gagenverträge mit den 35 Darstellern der »Lindenstraße« sind deshalb auf ein Jahr befristet. Am 8. Dezember 1985 heißt die Startfolge der Endlosserie programmatisch »Herzlich willkommen«: 14,8 Millionen Zuschauer – das sind fast 40 Prozent aller Fernsehhaushalte – sehen dabei zu, wie der Zollbeamte Siegfried Kronmayr und seine Verlobte, die Kindergärtnerin Elfie Hoffmann, in das Mehrfamilienhaus der Lindenstraße 3 einziehen.

Mit den neuen Mietern lernt auch das Publikum die brave Familie Beimer, die ehrgeizigen »Tennis«-Eltern Schildknecht, das neugierige Hausmeisterehepaar Kling und den erfahrenen Hausarzt Dr. Dressler kennen. Gemeinsam bilden sie die Schicksalsgemeinschaft für Geißendörfers »Spiel ohne Grenzen« (»Spiegel«). Noch ist nicht absehbar, dass Dr. Dressler im Rollstuhl enden, die Beimers sich trennen und Schildknechts sterben werden. Erst zehn Folgen sind zum Start der Serie abgedreht, für insgesamt 52 gibt es Drehbuchskizzen, 500 oder gar 1000 sollen es noch werden. »Geißendörfer hat sich da ganz schön verrannt«, meint der »Spiegel«, und auch die »Frankfurter Allgemeine Zeitung« fragt nach dem ersten »Lindenstraßen«-Sonntag skeptisch: »Sind

©WDR
Forum für Tierschützer: Die Lindenstraße

wir so langweilig, so säuerlich moralisch, so einfältig und lebensmüde? Und selbst wenn wir so wären, müssen wir uns dabei auch noch zuschauen?«

Das Publikum lässt sich dagegen von der wöchentlichen Widerspiegelung des eigenen Alltags nachhaltig faszinieren. Bald weichen die kritischen Pressestimmen ersten Erklärungsversuchen: Zur 300. Folge meint die »Frankfurter Allgemeine« in der Endlosserie ein »Luhmannsches System« zu erkennen, und weitere hundert Folgen später erklärt die Fernsehkritikerin Ponkie nur noch resigniert, die Serie habe sich »in unser Leben hineingefressen wie ein Borkenkäferbataillon in den deutschen Wald«.

Aber auch das Publikum hat sich in das Leben der »Lindensträßler« hineingefressen: Je größer der Zuschauerzuspruch zur Endlosserie ist, desto vehementer wird die Forderung einzelner Bevölkerungsgruppen, sich selbst im »Zauberspiegel« der »Lindenstraße« wiederfinden zu können: Tierschützer fragen an, warum sich Beimers seit dem Tod ihres Cockerspaniels keinen neuen Hund anschaffen; der Taubstummen-Verband fordert, dass Benny Beimer seinen Zivildienst bei einem Taubstummen fortführt, nachdem er den Spastiker Christoph nicht mehr versorgen will. Die Alten fordern mehr Alte, die Ausländer mehr Ausländer im Serienpersonal. Denn auch Aids-Infizierte und Tablettensüchtige, Selbstmörder und Brustkrebskranke, Vergewaltiger und Neonazis kommen und gehen in der »Lindenstraße« nach den Spielregeln des Gesellschaftsproporzes.

Hans W. Geißendörfer, den nun alle den »Vater der Lindenstraße« nennen, liegt es nämlich sehr am Herzen, mit den Geschichten seiner populären Alltagsfiguren auch politisch aufklärend zu wirken. Um nicht für jedes der zahlreichen gesellschaftsrelevanten Themen eine neue Rolle einführen zu müssen, unterscheidet sich der Alltag der »Lindenstraßen«-Bewohner aber bald erheblich von dem langweiligen Schicksalseinerlei der Zuschauer: So hat Klausi Beimer, der in der Auftaktfolge 1985 an der Kinderkrankheit Masern litt, schon als Neunjähriger einen Nachbarn angeschossen, wird als Elfjähriger beim Ladendiebstahl erwischt, gerät zwei Jahre später in rechtsradikale Kreise, löst sich aus der schlechten Gesellschaft wieder, wird militanter Tierschützer, drückt sich erst vor dem Wehrdienst, wird dann ausgemustert und schließlich ein erfolgreicher Boulevard-Journalist. Auch Tanja Schildknecht, der Tennis-Begabung von 1985, hat das Serienschicksal übel mitgespielt. Als Teenie schon Opfer eines Pornoskandals, arbeitet Tanja nach dem frühen Tod ihrer Eltern vorübergehend als Callgirl. Mit 24 heiratet sie den alten Dr. Dressler trotz des großen Altersunterschiedes, betrügt ihren Mann aber bald mit einer heroinabhängigen Frau, treibt später Dresslers Kind ab, wird erst Witwe und dann durch die anonyme Samenspende einer ausländischen Spermabank doch noch die erste homosexuelle Mutter der »Lindenstraße«.

Der bekennende Sozialdemorakt Hans W. Geißendörfer stellt sein Serienpersonal demonstrativ in den Dienst all jener Reformbewegungen, die sich neuerdings in der Oppostion befinden: Seit 1982 wird die Bundesrepublik von Helmut Kohl regiert, der neue CDU-Kanzler hat eine »geistig-moralische Wende« angekündigt und gegen den hartnäckigen Widerstand der Friedensbewegung den Nato-Doppelbeschluss durchgesetzt. Woche für Woche engagieren sich Beimers und ihre Nachbarn nun für ein friedliches Europa, eine saubere Umwelt, eine gerechte Gesellschaft. Aber die »Lindenstraße« ist keine »heile Welt«. In Deutschlands populärster Familienserie brechen regelmäßig die Familien auseinander: Oma Griese treibt ihre Tochter in die Tablettensucht, Benno Zimmermann muss das Kuckuckskind seiner Frau Gabi ertragen, schließlich lässt Geißendörfer auch noch die Vorzeigeehe der Serie in die Brüche gehen, weil sich Mutter Beimer von ihrem antiquierten Hausfrauen-Dasein emanzipieren soll. Eine Zeit lang sieht es so aus, als könne die »Lindenstraße« jedes Drama aushalten, aber das sich formierende Privatfernsehen mit seinen anspruchsloseren »Kommerzdramaturgien« macht der Endlosserie auf lange Sicht doch zu schaffen. 1992 startet RTL die erste Vorabendserie des deutschen Fernsehens, die nicht mehr wöchentlich, sondern werktäglich ausgestrahlt wird. »Gute Zeiten, schlechte Zeiten« ist auch kein Programmangebot für die ganze Familie mehr, sondern will nur noch eine bestimmte Zielgruppe – nämlich die kaufkräftigen jugendlichen Zuschauer – ansprechen. Konnte man in der »Lindenstraße« erfahren, welche Gesellschaftsthemen zur Zeit relevant sind, zeigt »GZSZ« seiner modebewussten jungen Zielgruppe nun, was gerade angesagt ist.

Ab 1995 verfügt auch die ARD mit »Marienhof« und »Verbotene Liebe« über zwei solcher bei Jugendlichen beliebten »Daily Soaps«. Die Monumentalserien »Heimat« und »Lindenstraße« wirken jetzt wie die letzten öffentlich-rechtlichen

Selbstvergewisserungen einer untergegangenen Fernseh-Dynastie. Denn in der neu aufgeteilten Fernsehlandschaft der Neunziger würde die »Lindenstraße« sicher nicht noch einmal heimisch werden.

Auch Edgar Reitz kann sein zweites, nun 26-stündiges Filmepos über die eigenen Münchner Studentenjahre nur deshalb durchsetzen, weil sich der WDR im Produktionsvertrag von »Heimat« verpflichtet hatte, alle gegebenenfalls erzielten Einnahmen aus dem Verkauf von Auslandslizenzen für eine Fortsetzung der Familiensaga einzusetzen. Noch bevor »Die zweite Heimat« abgedreht und erneut zum filmischen Jahrhundertwerk erklärt worden ist, fällt 1989 die Berliner Mauer. Sofort denkt Reitz über eine dritte, nun deutsch-deutsche Fortsetzung nach, mit der die Familienchronik endgültig zur Jetztzeit aufschließen soll. Aber die ARD zögert, ob sich angesichts von zwanzig Konkurrenzkanälen überhaupt noch ein ausreichend großes Publikum für »Heimat III« erschließen lässt. Am Ende eines zähen Ringens werden sechs Folgen produziert, sie erreichen im Dezember 2004 knapp drei Millionen Zuschauer.

Auch die Einschaltquoten der »Lindenstraße« haben sich nach zwanzig Jahren halbiert. In den rund tausend Folgen sind – wie angekündigt – aus Kindern Erwachsene und aus Erwachsenen Greise geworden. Noch immer sind Geißendörfers Figuren so echt wie die Blätter an den Bäumen seines Dauerfilmsets: Weil die Echtzeit-Serie zeitversetzt gedreht wird, muss im Hochsommer das Laub von den Linden gezupft und im Februar an die noch kahlen Äste geklebt werden. Die Blätter, die mitten im Kölner Winter den »Lindenstraßen«-Frühling so echt aussehen lassen, haben eine weite Reise hinter sich: Sie werden eigens aus Kanada eingeflogen.

9. Unter jedem Dach ein »Ach…!«

Das Private ist wieder unpolitisch – Die ZDF-Serien »Ich heirate eine Familie« (1983) und »Die Schwarzwaldklinik« (1985)

Mitte der achtziger Jahre stellt das ZDF klar: Arkadien liegt doch im Schwarzwald! Das karge Hirtenhochland im Herzen des Peloponnes, das antike Dichter einst zum paradiesischen Schäferidyll verklärten, trägt einen deutschen Namen: Glottertal.

Fünfzehn Jahre lang ist der Berliner Produzent Wolfgang Rademann mit seiner Idee einer romantischen Krankenhausserie von Sender zu Sender gezogen. Aber in den siebziger Jahren hat das Fernsehen an Rademanns harmlosen Doktorspielen kein Interesse gezeigt. Derart kostspielige Eigenproduktionen sind in dieser Zeit noch den anspruchsvolleren Stoffen vorbehalten, Unterhaltungsserien kaufen die Deutschen preiswert im Ausland ein. Zum Inbegriff für die Importware ist der Familienwestern »Bonanza« geworden, den 1962 zunächst die ARD und ab 1967 erneut das ZDF ausgestrahlt hatte. Auch englische Krimiserien wie »Die Zwei« oder »Mit Schirm, Charme und Melone« und amerikanische Actionserien wie »Kojak« oder »Die Straßen von San Francisco« sind beim deutschen Publikum ausgesprochen gut angekommen. Ende der siebziger Jahre droht die praktische Pipeline allerdings zu versiegen: Die US-Networks entwickeln kaum noch neue Serien, seit sie mit Talk- und Gameshows ihr Publikum viel kostengünstiger unterhalten können. Im Serienfach konzentriert sich der amerikanische Fernsehmarkt auf millionenschwere Prestigeproduktionen wie »Dallas« oder »Dynasty« (dt. »Denver-Clan«), und die Ausstrahlungsrechte für diese luxuriösen Familienserien werden auf dem internationalen Markt entsprechend teuer gehandelt. Aus deutscher Sicht dreht sich damit die Marktlogik um 180 Grad: Die kostspieligen US-Serien »Dallas« und »Denver« müssen im eigenen Programm entsprechend prominent platziert werden, dafür ergibt es jetzt sogar Sinn, das Werberahmenprogramm mit Eigenproduktionen wie »Drei Damen vom Grill«, »Der Fahnder« oder »Großstadtrevier« zu bestücken. Zur neuen Produktionskalkulation gehört der Plan, diese Reihen an die europäischen Nachbarsender weiterzuverkaufen. Vorbild für solche Lizenzgeschäfte ist die Krimireihe »Derrick«, die in hundert Ländern der Erde gezeigt wird.

Die Lawine deutscher Serien wird aber auch von der Zuschauerforschung ausgelöst, die inzwischen die Publikumsvorlieben genau analysieren kann. Nicht erst in Erwartung der privatwirtschaftlichen Konkurrenz ist es strategisch wichtig geworden, die Alltagsgewohnheiten der Fernsehzuschauer zu kennen. Im Wettbewerb untereinander schenken sich ARD und ZDF schon lange nichts mehr. So geht die Entscheidung des ZDF, die Hauptnachrichtensendung von 20.00 auf 19.00 Uhr vorzuverlegen, auf die Erkenntnis der Forscher zurück, dass das Fernsehgerät in den meisten Familien bereits zur Abendbrotzeit eingeschaltet wird. Tatsächlich kommt es nach der Programmreform zu »erdrutschartigen Verschiebungen« zugunsten des zweiten Programms.

Die durchschnittliche Sehdauer von rund zwei Stunden täglich lässt sich aber vorerst nicht mehr steigern. Die vor dem Bildschirm verbrachte Zeit geht Ende der siebziger Jahre sogar ein wenig zurück. Das Fernsehen hat seinen Ereignischarakter weitgehend verloren und ist für eine erste Zuschauergeneration zum alltäglichen Ritual geworden, das die Freizeit strukturiert und Abstand zum Arbeitstag herstellt. Mit der systematischen Erforschung des Publikums entsteht ein klassischer Zirkelschluss: Indem die Sender ihren Zuschauern vermehrt Reihen und Serien anbieten, kommen sie den häuslichen Routinen entgegen, und gleichzeitig werden die Fernsehserien durch diese Routinen überhaupt erst so erfolgreich.

In vielen Haushalten ist der Fernseher jetzt ein wichtiges »Regenerationsmöbel«, dessen Anschaffung oder Reparatur Priorität vor anderen Konsumgütern wie Waschmaschine, Kühlschrank oder Auto besitzt. Seine Unentbehrlichkeit macht das Fernsehen aber nicht beliebter. Im Ranking der beliebtesten Freizeitaktivitäten rangiert »fernsehen« 1982 noch hinter »ausschlafen, faulenzen und nichtstun« an letzter Stelle. Die subjektive Erfahrung, dass das stundenlange »In-die-Röhre-Gucken« die Zeit für andere gesellige Freizeitaktivitäten verschlingt, entwertet die eigene Lust am Zuschauen. Medienpädagogen sorgen sich vor allem um die erste »fernsehsozialisierte Generation« der 60er-Jahrgänge und verweisen auf die kulturpessimistischen Thesen des amerikanischen Medienwissenschaftlers Neil Postman, dem zufolge wir durch das »Infotainment« des Fernsehens »von Minute zu Minute dümmer werden«. Seine Publikationen »Das Verschwinden der Kindheit« (dt. 1983) und »Wir amüsieren uns zu Tode« (dt. 1985) werden viel zitierte Bestseller. Dabei hat die deutsche Zuschauerforschung ermittelt, dass sich die »Bonanza«-Kinder von einst als junge Erwachsene in ihrem Freizeitverhalten gar nicht mehr am Fernsehprogramm, sondern eher am Kino und an anderen Gruppenaktivitäten orientieren. Zum Ablösungsprozess vom Elternhaus gehört offenbar auch die Abkehr vom gewohnten Fernsehritual. Die Sender passen ihr Programm dieser Entwicklung an: Für das junge Publikum werden bestimmte Serien und Fernsehspiele nach US-Vorbildern dramaturgisch beschleunigt und ästhetisch filmischer gestaltet. Ansonsten richten ARD und ZDF ihre massenwirksamen Programmangebote aber zunehmend auf die beiden ans Haus gebundenen Zielgruppen Kinder und Ältere aus: Familienshows wie »Wetten, dass ...?!«, Prestigeprojekte wie »Das Traumschiff«

und Familienserien wie »Diese Drombuschs« oder »Ich heirate eine Familie« sollen das so genannte »Sofa-Fernsehen« bewahren helfen, bei dem sich Oma und Enkel gemeinsam das gleiche Programm ansehen.

Mit Blick auf die Älteren, die sich noch gut an die Heimatfilme der fünfziger Jahre erinnern, plant auch »Schwarzwaldklinik«-Produzent Wolfgang Rademann, sein Fernsehhospital am Titisee zu errichten und die Patienten nach dem Muster der Erfolgsreihe »Traumschiff« zum Teil von alten Ufa-Stars spielen zu lassen: Publikumslieblinge wie Heinz Rühmann oder Gert Fröbe werden bald im Glottertal ergreifende Sterbeszenen zelebrieren. Dass die Familiengeschichte der Brinkmanns auch die Emanzipationsstory von Schwester Christa ist, soll den weiblichen Zuschauern gefallen. Auch zeigt sich das Serienkonzept durchaus anschlussfähig an das zeitkritische Fernsehspiel der siebziger Jahre: Regelmäßig dringen in die sterilen OP-Säle der »Schwarzwaldklinik« aktuelle gesellschaftliche Probleme vor; die Seelenlosigkeit der modernen Apparatemedizin gilt es im Glottertal genauso zu kurieren wie einen akuten Blinddarmdurchbruch. Um auch die jüngeren Zuschauer für seine »Romanzen in Mull« (»Spiegel«) zu gewinnen, verfolgt Rademann den ehrgeizigen Plan, mit seinen betulichen Heimatgeschichten ästhetisch zu den modernen internationalen Vorbildern aufzuschließen: So sollen die ineinander verwobenen Handlungsstränge in schnellem Rhythmus wechseln. Der »Spiegel« wird seinen Lesern das Schnittmuster später so erklären: »Wie in ›Dallas‹ rauscht die Kamera erst auf die ganze Krankenbude zu (›establishing shot‹), hüpft dann ins jeweilige Zimmer (›master shot‹) und krallt sich schließlich in die Gesichter (›close-ups‹).«

Wolfgang Rademann kann schon einen ganzen Aktenordner voller Absagen vorweisen, als das ZDF seinen Vorschlag, mit der »Schwarzwaldklinik« ein populäres Genremix aus Familienserie und Krankenhausdrama zu produzieren, Anfang der achtziger Jahre endlich aufgreift. Das tschechische Fernsehen hat gerade sein zwanzigteiliges Hospitaldrama »Das Krankenhaus am Rande der Stadt« sowohl an das Fernsehen der DDR als auch an die ARD verkauft – und damit hüben wie drüben großen Zuschauerzuspruch erzielt. Nach dem Muster von »Dallas« und »Dynasty« plant Rademann seine »Schwarzwaldklinik« als Langlaufserie und will deshalb gleich 23 Folgen in einem Produktionsgang drehen. Bisher umfasst in Deutschland eine Serienstaffel üblicherweise sechs Folgen: Zum Beispiel strahlt das ZDF die insgesamt 14 Folgen der Serie »Ich heirate eine Familie« ab 1983 über vier Jahre hinweg in kleinen Blöcken jeweils in der Vorweihnachtszeit aus. Der Serienautor Curth Flatow, den seine Theaterstücke »Fenster zum Flur« oder »Das Geld liegt auf der Bank« zum meistgespielten deutschsprachigen Komödienautor der Nachkriegszeit gemacht haben, muss sich deshalb für jede neue Staffel einen eigenen abgeschlossenen Spannungsbogen ausdenken.

Die Handlung von »Ich heirate eine Familie« hat Flatow seinem eigenen Leben abgeschaut: 1981 hat der Erfolgsautor in zweiter Ehe eine Frau mit zwei halbwüchsigen Kindern geheiratet, bald darauf kündigte sich noch eigener Nachwuchs an. Die Zahl solcher »Patchwork«-Familien nimmt in der Bundesrepublik kontinuierlich zu, seit die Ehe als Institution durch Frauenbewegung und Sexuelle Revolution gesellschaftlich infrage gestellt wird. Zwischen 1970 und 1980 ist die Scheidungsrate von 15 auf 21 Prozent gestiegen. Seit 1977 erleichtert die Reform des Scheidungsrechtes den Eheleuten die Trennung: Die »Schuldfrage« ist ersatzlos gestrichen worden, als juristischen Beweis für die »Zerrüttung« einer Ehe erkennen die Richter nun an, dass die Eheleute ein Jahr getrennt gelebt haben und die Zerrüttung einvernehmlich für »nicht heilbar« erklären. Nach maximal drei Jahren können Ehen erstmals auch gegen den Willen eines Partners geschieden werden. Das elterliche Sorgerecht wird in der

Regel der Mutter zugesprochen. Der Vater bleibt für seine Kinder unterhaltspflichtig, solange seine Exfrau sich nicht wieder verheiratet; gegebenenfalls muss er auch ihren Unterhalt finanzieren. Diese Rechtsprechung, die Mutter und Kind finanziell vor dem sozialen Abstieg absichern soll, macht aus Sicht der allein erziehenden Frauen eine zweite Versorgungsehe unnötig. Die Liberalisierung des Scheidungsrechtes begünstigt als Nebeneffekt also nicht die Ehe, sondern offenere Lebenspartnerschaften. Auch Angie Graf, die Hauptfigur in Curth Flatows ZDF-Serie »Ich heirate eine Familie«, ist seit ihrer Scheidung zwar mehrere Liebesbeziehungen eingegangen, hat aber den Gedanken an eine zweite Ehe relativ schnell wieder aufgegeben, wie sie ihrer Freundin Bille anvertraut:

Angie: »Drei Mal hatte ich nach der Scheidung das Gefühl: ›Jetzt wird es ernst!‹ Aber der erste mochte keine Kinder, den zweiten mochten die Kinder nicht. Und die Geschichte mit Frank war besonders schlimm: Den mochten die Kinder so sehr, die trauern dem heute noch nach. Seitdem ist das Thema für mich vom Tisch. Es geht doch auch ohne!«

Bille (ungläubig): »Ohne Mann?«

Angie: »Nein, ohne Ehe. Ich mache es jetzt wie die Männer. Ich lebe à la carte.«

Curth Flatow hat seine Familiengeschichte im urbanen Westberlin angesiedelt, die Hauptfiguren leben moderne Lebensentwürfe: Angie Graf hat sich nach der Scheidung mit einer Kindermodenboutique selbstständig gemacht, ihr späterer Ehemann Werner Schumann – ein gefragter Werbegrafiker – arbeitet als Freiberufler zu Hause. Den Haushalt führt ihm in mütterlicher Fürsorge seine Haushälterin Frau Rabe, gelegentliche erotische Abenteuer trennt der Junggeselle – ähnlich wie Angie – geflissentlich von seinem übrigen sozialen Alltag ab. Obwohl »Ich heirate eine Familie« das

Eheglück offensiv propagiert und alle Singles der Serie im Laufe der 14 Folgen »unter die Haube« kommen, werden überkommene bürgerliche Ehekonzepte wie Billes »Versorgungsehe« oder Frau Rabes »Hausfrauen-Ehe« nur bespöttelt: Gleich in der Pilotfolge erfährt der Zuschauer, dass sich Angies Freundin Bille mit ihrem notorisch untreuen Ehemann »arrangiert« hat, indem sie sich jeden Seitensprung mit einem Pelzmantel »bezahlen« lässt. Auch die alte Frau Rabe heiratet nur, weil ihr seit der Hochzeit von Werner und Angie ein angemessenes Betätigungsfeld fehlt. Ihre Ehe mit Herrn Poppe scheitert aber schnell daran, dass ihr Mann gar keinen Wert auf diese mütterliche Fürsorge legt – sondern lieber seine Ruhe hätte.

In der »Schwarzwaldklinik« begründet Autor Herbert Lichtenfeld die Ehelosigkeit von Professor Brinkmann nach konservativer Genrekonvention nicht mit einer Scheidung, sondern mit dem Tod seiner Frau. Seitdem ist der Witwer eine Weile lang rastlos durch die Welt gezogen, immer begleitet von seiner treuen alten Haushälterin Käti, die schon Brinkmanns Vater den Haushalt führte. Seit einigen Jahren lebt der international erfahrene Chirurg mit der Anästhesistin Elena in einer offenen – und offenbar ungeklärten – Fernbeziehung, wie ein Gespräch zwischen dem Doktor und seiner Haushälterin am Morgen nach dem Umzug ins Glottertal zeigt:

Käti: »Elena kommt nicht nach, sagst du?«

Prof. Brinkmann: »Nein.«

Käti: »Warum eigentlich nicht?«

Prof. Brinkmann: »Weil Schluss ist.«

Käti: »Ja, ja. Schluss war ja eigentlich immer ... als du von Paris zurück bist, war Schluss ... als du von Zürich zurück bist, war Schluss ... und plötzlich wart ihr dann doch immer wieder zusammen. Weil sie dir nachgereist ist. Und jetzt ist also wieder Schluss?«

Prof. Brinkmann: »Wir bleiben Freunde. Wäre ja auch lächerlich, wenn zwei Menschen, die sich fachlich und menschlich so gut verstanden haben wie Elena und ich, plötzlich keinen Kontakt mehr zueinander hätten, oder? (Käti kichert) Was ist los?«

Käti: »Ach nichts. Nur dass du das in Paris und Zürich auch schon immer gesagt hast.«

Prof. Brinkmann (verärgert): »Nun hör mal gut zu, Käti: Elena und ich haben uns getrennt. In aller Freundschaft, aber für immer. Elena und ich, wir mögen keine halben Sachen. Hast du mich verstanden?«

Käti (mit gespieltem Gehorsam): »Jawohl, Herr Professor!«

Das ZDF startet die neue Serie im Oktober 1985 mit einem 90-minütigen Pilotfilm, der den programmatischen Titel »Die Heimkehr« trägt. Denn für Klaus Brinkmann (Klausjürgen Wussow) beginnt mit der Übernahme der Klinikleitung nicht nur beruflich ein neuer Lebensabschnitt. Das Glottertal, in dem die »Schwarzwaldklinik« ihren Sitz hat, ist auch Brinkmanns Geburtsort. Erst nachdem vor kurzem sein Vater gestorben ist, hat er sich spontan zu einer Bewerbung in der »Schwarzwaldklinik« entschlossen. Mit dieser Vorgeschichte wird ein Vater-Sohn-Konflikt angedeutet, der sich unter umgekehrten Vorzeichen in der nächsten Generation fortsetzen wird: Damit Prof. Klaus Brinkmann sein altes Elternhaus wieder in Besitz nehmen kann, muss dort zunächst sein erwachsener Sohn, der Assistenzarzt Udo (Sascha Hehn), weichen. Weil der Senior auch beruflich selbstverständlich die Rolle des Patriarchen beansprucht, muss Udo befürchten, in der Klinik künftig von seinem Vater besonders streng behandelt zu werden – »schon um dem Verdacht der Begünstigung zu entgehen«. Auf die Sorge seines Sohnes reagiert der Alte mit einer Doppelbotschaft: »Du, ich setze niemanden unter Druck – höchstens unter Leistungsdruck!«

©ZDF / Polyphon
Landkarte des Gemüts: Die Schwarzwaldklinik

Wie stark das Vater-Sohn-Verhältnis ödipal geprägt ist, zeichnet sich schon in der Pilotfolge ab, als Professor Brinkmann ausgerechnet jene junge Krankenschwester Christa (Gaby Dohm) erobert, die seinem Sohn Udo gerade eine Abfuhr erteilt hat. Lange wird Udo mit einem haltlosen Privatleben gegen die übermächtige väterliche Autorität revoltieren. Seine erste Ehe mit der Ärztin Katharina, die eine kleine Tochter mit in die Partnerschaft bringt, droht an Udos Untreue zu scheitern. Und nicht etwa der quälende Krebstod seiner Frau, sondern erst ein Hilfseinsatz im fernen Afrika bringt für den Playboy die »geistig-moralische Wende«. In Folge 32, die wie der Pilotfilm erneut »Die Heimkehr« heißt, kehrt Udo Brinkmann aus der Fremde als moralisch gefestigter Unfallarzt nach Hamburg zurück. Wie sein Vater heiratet auch der Witwer Udo schließlich eine junge Krankenschwester und lässt sich am Ende der Serie nach seinen Lehr- und Wanderjahren wieder im Schwarzwald nieder. Denn, so der Kulturkritiker Georg Seeßlen, »das Glück der ›Schwarzwaldklinik‹ besteht darin, zurückzukommen«.

Um das Motiv von der Glück spendenden Heimkehr nach Arkadien mit unverbauten Naturbildern belegen zu können, muss Produzent Rademann seine Außenaufnahmen auf 32 verschiedene Orte aufteilen – im Jahrzehnt des »Waldsterbens« ist auch im Schwarzwald die Heimatidylle nicht mehr zusammenhängend zu haben. Als Klinikkulisse dient Rademann ein Kurhaus der Württembergischen Landesversicherungsanstalten, der beschauliche Familiensitz der Brinkmanns ist in Wahrheit ein Heimatmuseum. Aber dass die »Idylle« so zersiedelt ist, stört nicht einmal die vielen Schaulustigen, die nach der Ausstrahlung in Heerscharen anreisen und das Glottertal nach der »Schwarzwaldklinik« absuchen. Das »Sehnsuchtsland«, das sie finden wollen, ist ohnehin nicht in der Wirklichkeit beheimatet, sondern nur »auf der imaginären Landkarte des Gemüts verzeichnet«, wie der »Spiegel« weiß.

Mit 26 Millionen Zuschauern und einer Sehbeteiligung von 62 Prozent stellt die »Schwarzwaldklinik« im Oktober 1985 alle bisherigen Serienerfolge in den Schatten, selbst die Aufsehen erregende US-Serie »Dallas« hat es bei der ARD nur auf 17 Millionen Zuschauer gebracht. Schon während der Ausstrahlung der ersten Staffel wird im Glottertal an einer Fortsetzung gedreht. Damit steht jetzt Herbert Lichtenfeld, der Autor der »Schwarzwaldklinik«, vor dem gleichen dramaturgischen Problem wie Curth Flatow mit »Ich heirate eine Familie«: Dem Gesetz der Serie folgend muss bald »unter jedem Dach ein ›Ach …‹« ertönen (Flatow). Wo aber jedes Happyend früher oder später in ein neues Drama mündet, jeder Hochzeit eine Ehekrise, jeder Geburt ein Todesfall, jedem Glück ein Unglück folgt, können auch die Ehen der Brinkmanns und der Schumanns nicht lange glücklich bleiben. Und so entwickeln sich die Serienbiografien der modernen Großstädter in Berlin nicht viel anders als die in der beschaulichen Provinz: Angie Schumann und Christa Brinkmann bringen gesunde Kinder zur Welt, und die Nachzügler stellen den Alltag ihrer Familien zunächst ziemlich auf den Kopf. In Berlin leiden Angies halbwüchsige Kinder unter dem abrupten Entzug der mütterlichen Aufmerksamkeit. Im Glottertal hat Schwester Christa mit dem Einverständnis ihres Mannes ein vor Jahren abgebrochenes Medizinstudium fortgeführt und macht nach einer schwierigen Übergangszeit in der »Schwarzwaldklinik« Karriere an einem Konstanzer Forschungsinstitut. Die neue berufliche Herausforderung erfordert eine Pendel-Ehe, die weder Professor Brinkmann noch der kleine Benjamin gut verkraften. Als bei ihrem Sohn eine psychosomatische Krankheit festgestellt wird, die der Kinderarzt auf die häufige Abwesenheit der Mutter zurückführt, muss sich Christa zwischen Kind und Karriere entscheiden. In Berlin steht auch Angie Schumann am Ende von »Ich heirate eine Familie« reumütig an einem Krankenbett: Nach der Geburt ihrer Tochter Franziska hatte sie zunächst ihre Kindermoden-Boutique aufgegeben. In der vierten und letzten Staffel der Serie lässt Curth Flatow sie aber ins Berufsleben zurückkehren. Durch einen Zufall wird die vierfache Mutter von einem Kindermoden-Fabrikanten als ideale Repräsentantin seiner Firma entdeckt. Fortan jettet Angie als »Die Mutter, die auch Ihre Kinder anzieht« von einer internationalen Modemesse zur nächsten, während Werner zu Hause zusätzlich zu seinen Verpflichtungen als Werbegrafiker noch Haushalt und Kinder versorgen muss. Wie bei den Brinkmanns im Glottertal droht auch die Ehe der Schumanns an Angies beruflichem Erfolg zu zerbrechen. Denn Werner Schumann ist nicht nur von der ungewohnten Doppelbelastung völlig überfordert; dass seine Frau jetzt mehr Geld verdient als er selbst, kränkt auch seine Eitelkeit. Angie bemerkt in ihrer Begeisterung für die neue Herausforderung von dieser emotionalen Erschütterung zunächst nicht viel. Als aber ihr Mann mit einem Herzanfall ins Krankenhaus eingeliefert wird, trifft sie sofort die »richtige« Entscheidung: Wie Christa Brinkmann beendet Angie noch am gleichen Tag ihren beruflichen »Höhenflug« und kehrt an den heimischen Herd zurück.

Dass sich der Verzicht auf das eigene Karriereglück lohnt, wird das ZDF seinen Zuschauern zwanzig Jahre später mit einem 90-minütigen Special »Schwarzwaldklinik – Die nächste Generation« beweisen: Die Ehe der Brinkmanns hat gehalten, aus Sohn Benjamin ist ein gesunder und erfolgreicher Chirurg geworden. Nach einem langen, erfüllten Arbeitsleben will sich der alte Professor nun aus dem Klinikalltag zurückziehen und die Leitung der »Schwarzwaldklinik« an seinen Jüngsten übergeben. Als Wolfgang Rademann die Rolle des jungen Benjamin Brinkmann ausgerechnet Sascha Wussow anbietet – im wahren Leben der älteste Sohn von »Schwarzwaldklinik«-Star Klausjürgen Wussow –, braucht der nach eigenen Aussagen zunächst einen »doppelten Cognac und eine Nacht Bedenkzeit«, bevor er zusagt. Denn mit den Dreharbeiten im Glottertal arrangiert Rademann nicht nur ein viel beachtetes Comeback seiner Serie, sondern auch eine späte Familienzusammenführung: Jahrzehntelang haben die beiden Wussows kein Wort miteinander gewechselt; der Sohn hatte seinem Vater nicht verzeihen können, dass er Frau und Familie für eine Jüngere verließ. Die Ehe mit Saschas Mutter Ida Krottendorf war 1986 gescheitert – auf dem Höhepunkt des »Schwarzwaldklinik«-Ruhms.

10. Für die Bühne verloren

WDR *and the Arbeiterfilm: »Fussbroichs – Die einzig wahre Familienserie« (1990)*

Mit 64 Jahren wird der Schauspieler Klausjürgen Wussow noch einmal Vater. Wie Professor Brinkmann in der »Schwarzwaldklinik« nennt auch er seinen Sohn Benjamin. Ohnehin lässt sich die Grenze zwischen Serie und Leben nicht mehr trennscharf ziehen: Wo immer Wussow jetzt auftaucht, muss er seinen Fans den Puls fühlen. 1973 war der Wiener Burgschauspieler noch aus der Krimiserie »Sergeant Berry« vorzeitig ausgestiegen, weil er durch die Fernsehpopularität einen eklatanten Imageschaden befürchtete; nun findet der neue Intendant des Wiener Burgtheaters, Claus Peymann, nach der »Schwarzwaldklinik« sei Wussow »für die Bühne verloren«. Der langjährige Ensemblevertrag wird aufgelöst. Im Glottertal hat das Fernsehen die Wirklichkeit ebenfalls nachhaltig verändert. Die Touristenströme reißen nicht ab; als 1986 wieder Außenaufnahmen für die Erfolgsserie gedreht werden, muss das Gelände der Kurklinik weiträumig abgesperrt werden. Das ZDF verkauft die Serie in 46 Länder der Erde und verdient mit ausgewählten Lizenzprodukten am »Schwarzwaldklinik«-Hype kräftig mit: Das Plattenlabel »Ariola« vertreibt die Titelmusik, in dem Münchner Trivialbuch-Verlag »Hestia« erscheint das »Buch zur Serie«. Und sogar eine Schmusepuppe namens »Engelchen«, die Klausjürgen Wussow auf Bitten des ZDF in der Pilotfolge unter fadenscheinigem Vorwand in die Kamera gehalten hat, ist im Handel erhältlich.

Offenbar haben die »kommerziellen« Programme des Privatfernsehens die Vorstellung von dem, was Fernsehen ist, grundlegend verändert: Aus der öffentlich-rechtlichen »Kulturveranstaltung« ist ein »Fernsehmarkt« geworden, auf dem Anbieter um »Marktanteile« kämpfen. Der Zuschauer wird durch diesen Paradigmenwechsel zum Käufer, der mit seiner Fernbedienung die Programme durchzappt, wie er im Supermarkt das Kühlregal abschreitet. Mittels der »Gesellschaft für Konsumforschung« (GfK) können die Chefs der TV-«Supermärkte« jederzeit Kassensturz machen: In 5-Minuten-Intervallen belegen die GfK-Quoten am nächsten Morgen, wer gestern Abend was wie lange geguckt hat. Vor allem wer einschaltet, wird in den achtziger Jahren immer wichtiger. Denn die neuen Privatsender finanzieren ihr Programm durch den Verkauf von Werbespots, 12 Minuten pro Sendestunde dürfen sie so vermarkten. Aber die werbetreibende Industrie interessiert sich nicht für alle Zuschauer, sondern nur für die kaufkräftigen Erwachsenen. Die klassischen »Vielseher« Kinder und Ältere spielen auf diesem Fernsehmarkt als Kunden keine Rolle mehr. Die so genannte »werberelevante Zielgruppe« bestimmt jetzt den Wert eines Senders: Je mehr 14 bis 49jährige Zuschauer ein Fernsehprogramm einschalten, desto teurer kann der Sender seine »Werbeinsel« verkaufen. Und die Zuschauerforschung kann durch die Auswertung des Umschaltverhaltens die Geschmacksvorlieben der »Zielgruppe« nun präzise benennen. Bald kann man das Fernsehprogramm optimieren wie einen Sportwagen im Windkanal.

Angesichts der Konzentration auf einzelne Zuschauergruppen und der explosionsartigen Vermehrung des Programmangebots verliert das Fernsehen langsam seine gesellschaftliche Bindekraft. Sehbeteiligungen von mehr als 80 Prozent wie zu Zeiten der »Unverbesserlichen« sind endgültig Fernsehgeschichte, die 23 Millionen Zuschauer der »Schwarzwaldklinik« schon Ende der achtziger Jahre die Ausnahme. Dem neuen »Zielgruppen«-Fernsehen entspricht auf Rezipientenseite das alte Zweitgerät im Kinderzimmer.

Das »Sofa-Fernsehen« früherer Jahrzehnte hat ausgedient, es wird auch von den öffentlich-rechtlichen Senderverantwortlichen ausrangiert wie ein altes Möbelstück.

»Aufmerksamkeit« ist im Medienzeitalter eine kostbare Ware. Denn die Fernsehforschung stellt auch fest, dass die Zuschauer ihr Programm gar nicht immer im Sinne des Erfinders nutzen: Das Fernsehen wird als »Restzeitmedium« (Peter Christian Hall) gebraucht, das man nach Lust und Laune ein- und wieder ausschaltet – ganz gleich, wann die Sendungen anfangen und aufhören. Seit auch RTL, Sat1 und ProSieben terrestrisch empfangbar sind, macht es Spaß, im Programm zu blättern wie in einer Illustrierten. 1991 wird ein Fernsehzuschauer innerhalb eines vierstündigen Fernsehabends rund hundert Mal durch alle Kanäle zappen. Aber nicht nur die Infrarot-Fernbedienung, die seit 1976 auf dem Markt ist, revolutioniert die Sehgewohnheiten, auch mit der Marktreife des preiswerten Videosystems »VHS« hat sich das Nutzungsverhalten entscheidend verändert: Das neue Speichermedium ermöglicht es nun endlich, sich vom Zeitdiktat des Fernsehens zu lösen und ein Programm »für später« aufzuzeichnen.

Der Zuschauer emanzipiert sich. Nicht nur im Umgang mit dem Programmangebot, auch innerhalb der televisionären Inszenierung nimmt er jetzt eine neue, aktivere Rolle ein: Er wird zum Beispiel Gameshow-Kandidat. Aus den gleichen ökonomischen Erwägungen, die in den siebziger Jahren die US-Serienproduktion stoppten, produzieren auch die deutschen Privatsender lieber Spielshows: Sie sind in der Herstellung preiswert und erregen beim Publikum extrem viel Aufmerksamkeit. Sat1 macht 1988 mit dem Worträtsel »Glücksrad« den Anfang. Das Vorbild »Wheel of Fortune« dreht sich in Amerika bereits seit 1975 und wird dort werktäglich von 40 Millionen Zuschauern gesehen. Höhepunkt der Show ist jeweils der Moment, in dem die »Glücksrad«-

Gewinner ihre Spielpunkte in Konsumgüter umtauschen können. Nach gleichem Muster erwirbt RTL ein Jahr später die Lizenzrechte an dem CBS-Format »The Price is Right« (dt. Titel: »Der Preis ist heiß«). Zur Attraktivität dieser beiden Shows trägt erheblich bei, dass die Show-Kandidaten keine Vorauswahl absolvieren müssen, sondern spontan aus dem Studiopublikum auf die Bühne geholt werden. Bis zu zehn Kandidaten pro Sendung haben auf diese Weise die Chance, »einmal ins Fernsehen zu kommen«. Sie bilden die Vorhut für das kommende »Reality-Zeitalter«; schon bald werden die Talkshows am Nachmittag ganze Heerscharen mobilisieren.

In Deutschland wird Andy Warhols Vorhersage aus den sechziger Jahren – »In Zukunft wird jeder für fünfzehn Minuten berühmt sein« – erst in den neunziger Jahren zum Fernsehalltag. Im US-Fernsehen kann man den »Ruhm für eine Viertelstunde« bereits Anfang der siebziger Jahre in zahllosen Spielshows ernten – und nicht nur dort: 1973 strahlt der New Yorker Fernsehsender PBS eine zwölfteilige Familienserie aus, deren Hauptrollen erstmals nicht von Schauspielern gespielt werden. Zwischen Mai 1971 und Januar 1972 haben die Dokumentaristen Alan und Susan Raymond den Alltag der Familie William C. Loud aus Santa Barbara in Kalifornien mit zwei Kamerateams beobachtet und dabei insgesamt 300 Stunden Filmmaterial belichtet. Der Sender kündigt die Louds und ihre fünf Kinder als die »erste echte Familie im Fernsehen« an, die Dokumentation »An American Family« schauen landesweit zehn Millionen Zuschauer.

Acht Zimmer, vier Autos, ein Reitpferd – Bill und Pat Loud leben auch für amerikanische Verhältnisse im Wohlstand. Vater Bill ist ein erfolgreicher Geschäftsmann, seine Firma beliefert die Rüstungsindustrie mit schwerem Gerät. Sicher sind es nicht finanzielle Erwägungen, die Bill und Pat Loud dazu bewogen haben, den Fernsehkameras ihre Privaträume zu öffnen. Vielleicht sind sie geschmeichelt, als die typisch amerikanische Familie ausgewählt worden zu sein, wie Craig Gilbert, der Produzent von »An American Family«, zu spüren glaubt; vielleicht reizt sie das Abenteuer, ihren etwas eintönigen Alltag mit Bedeutung aufzuladen, indem sie ihn mit zehn Millionen Amerikanern teilen – wie »Newsweek« später vermutet. Womöglich benutzen die Louds aber die Anwesenheit der Kameras auch insgeheim zu einer Art »Gruppentherapie«, um vor dieser Öffentlichkeit ihre Ehekrise zu bearbeiten, wie die amerikanische Anthropologin Margaret Mead die Fernsehbilder interpretiert. Denn die Ehe der Louds ist schon lange nicht mehr glücklich, als Alan und Susan Raymond mit ihrer Arbeit beginnen. Pat und Bill streiten sich häufig und mit Vorliebe in Anwesenheit der Kameras; nicht einmal als Pat von ihrem Mann die Scheidung verlangt, bittet einer der beiden die Raymonds darum, den Raum zu verlassen.

Bevor PBS die Serie ausstrahlt, werden die Louds gebeten, sich alle zwölf Stunden der Serie anzusehen. Regisseur Alan Raymond wird später beteuern, dass Pat und Bill begeistert von der Dokumentation ihres Alltags waren und keinerlei Einwände gegen die Serie hatten, die auch die Scheidungsabsichten der Eltern thematisiert. Die uneingeschränkte Zustimmung zu ihrer eigenen »Medienarbeit« ist deshalb nicht ganz unwichtig, weil sich die Louds nach der Ausstrahlung von »An American Family« vehement von Raymonds Serie distanzieren. Das sei ein klassisches Problem des »Cinéma vérité«, kommentiert Alan Raymond daraufhin in »Newsweek« die Kritik: »Die Leute reagieren anders auf das, was sie sehen, wenn sie hören, was andere dazu sagen.«

Denn die Louds werden von der Öffentlichkeit nicht so wahrgenommen, wie sie sich selbst sehen. Die glückliche Musterfamilie, die sie auf ihren Fernsehbildern zu erkennen geglaubt hatten, gibt es für die zehn Millionen Zuschauer

Acht Zimmer, vier Autos, ein Reitpferd: An American Family

offenbar nicht. »The Broken Family« (dt.: »Die zerstörte Familie«) steht quer über dem Familienfoto der Louds, mit dem »Newsweek« eine Titelgeschichte über die »Scheidung des Jahres« ankündigt. Konsumorientierte und kommunikationsgestörte Zombies seien die Eltern, urteilt die Starkolumnistin Shana Alexander und erklärt »An American Family« zu einer »amerikanischen Tragödie«. Die Louds müssen erkennen, dass es sie seit der Ausstrahlung der Serie plötzlich zweimal gibt: als »echte« Menschen und als »Fernsehfamilie«. Die »echten« Louds begegnen der Definitionsmacht der Medien, indem sie selbst die Medien für sich zu nutzen versuchen: In der populären »Dick Cavett Show« beschuldigen sie den Produzenten Craig Gilbert, die schönsten Augenblicke ihrer »netten, witzigen Familie« nicht gezeigt zu haben, um so das Leben der »Fernsehfamilie« Loud mit Dramatik aufzuladen.

Vor allem die Kinder von Pat und Bill haben unter der virtuellen »Verdopplung« zu leiden: die 15-jährige Delilah erfährt zum Beispiel erst aus dem Fernsehen, dass ihre Eltern im Wohnzimmer ihre Ehe beendet haben, während sie sich nebenan ahnungslos mit ihrem Freund unterhielt. Noch prekärer ist die Lage für ihren großen Bruder Lance: Der 20-Jährige lebt bereits nicht mehr bei den Eltern, als die Serie 1971 gedreht wird. Die Raymonds begleiten Mutter Pat lediglich einmal auf eine Wochenendreise nach New York, wo sie in Chelsea ihren schwulen Sohn besucht und sich am Abend mit ihm die Transvestiten-Show »Vain Victory« ansieht. Fast unfreiwillig wird Lance so zum ersten Schwulen Amerikas, der sich im Fernsehen zu seiner Homosexualität bekennt. Der Pop-Art-Künstler Andy Warhol lädt ihn daraufhin in seine New Yorker »Factory« ein, mit seiner New-Wave-Band »The Mumps« darf Lance später in der »Dick Cavett Show« auftreten. Aber die Band zerbricht bald, der Fernsehruhm verweht – und während Lance' Mutter nach der Scheidung mit einem 100 000-Dollar-Buchvertrag in der Tasche an der Ostküste ein neues Leben beginnt, findet ihr inzwischen heroinabhängiger Sohn lange nicht in den Alltag zurück.

Auch in Deutschland macht sich 1979 eine Filmemacherin auf die Suche nach einer »prototypischen Familie«. Für das

Bildungsprogramm des Westdeutschen Rundfunks plant Ute Diehl eine exemplarische Filmdokumentation über die pädagogischen Konzepte deutscher Arbeiterfamilien. Ute Diehl ist zu diesem Zeitpunkt 35 Jahre alt, vor kurzem hat sie auf dem zweiten Bildungsweg ihr Pädagogikstudium mit dem Diplomthema »Erwachsenenbildung durch Fernsehen« abgeschlossen. Die geplante 90-minütige Filmstudie »Das Kinderzimmer« soll auch im wissenschaftlichen Sinne repräsentativen Kriterien standhalten. Mit Hilfe eines Fragebogens, den die Filmemacherin an Haupt- und Gesamtschulen austeilt, befragt Diehl deshalb 180 Kölner Familien nach ihren Arbeits-, Einkommens- und Wohnverhältnissen. Die Hälfte der infrage kommenden Familien kontaktiert sie per Telefon, rund zwanzig sucht sie persönlich auf. In dem ungelernten Schichtarbeiter Fred Fussbroich, seiner Frau, der Sekretärin Annemie, und ihrem neunjährigen Sohn Frank findet Ute Diehl schließlich die perfekte Familie für ihren Film.

Fussbroichs wohnen in einer 68 Quadratmeter großen Genossenschaftswohnung in Köln-Buchheim. Vater Fred ist Vorarbeiter, Mutter Annemie hat wieder angefangen zu arbeiten, als Frank vor vier Jahren in die Schule gekommen ist. Zusammen verfügen sie über genügend Einkommen, um ihrem »Wunschkind« alle kleinen und großen Konsumwünsche zu erfüllen. Und das tun sie auch. In Franks Kinderzimmer stapeln sich die Spielwaren, er besitzt eine Carrerabahn im Wert von 1000 DM, einen Kassettenrekorder zu 300 DM, einen Plattenspieler und sogar einen eigenen Fernsehapparat. Die wenigen Wünsche, die Franks Eltern ihm aus Geldknappheit verweigern müssen, werden dem Jungen von seinen beiden Omas erfüllt. Sie habe »genau das vorgefunden«, erinnert sich Ute Diehl später, »was ich erwartet hatte«.

Um den Familienalltag schon beim Aufwachen filmen zu können, betritt das dreiköpfige WDR-Team Fussbroichs Wohnung morgens um vier Uhr mit einem eigenen Schlüssel.

Die Kamera bleibt an, bis der kleine Frank abends ins Bett gebracht wird. In den typischen langen, distanzierten Einstellungen des zeitgenössischen Dokumentarfilms trägt Ute Diehl zusammen, was ihrer Meinung nach für Fussbroichs das Wichtigste ist: »Dass man gut aussieht und sich etwas leisten kann: Urlaub, neue Möbel, neue Kleider, ein Auto.« »Ein Kinderzimmer« ist bebilderte Konsumkritik; die Dokumentation der Diplompädagogin Diehl will sichtbar machen, wie reizüberflutet Frank auf die große Auswahl seiner Spielzeuge reagiert, wie oft er einfach nur auf dem Boden seines Kinderzimmers liegt und die Songs aus dem Werbeprogramm mitsingt, wie auch Annemie Fussbroich während der Hausaufgabenkontrolle nur mühsam den Blick vom ständig laufenden Fernseher nehmen kann und Fred die kleinen und großen Schummeleien seines Sohnes mit gespielter Ahnungslosigkeit übergeht, um das geliebte Einzelkind nicht zur Rechenschaft ziehen zu müssen.

Ute Diehl hätte schon nach den Dreharbeiten 1979 gerne die Zusammenarbeit mit Familie Fussbroich fortgesetzt, aber der WDR findet die Idee einer halbdokumentarischen Unterhaltungsserie zunächst abwegig. Noch gilt die Redakteursregel: Ein Arbeiter, der nach der Schicht nach Hause kommt, will im Unterhaltungsfernsehen keinen Arbeiter sehen, der gerade von der Schicht nach Hause kommt. Zehn Jahre später – die Regisseurin hat den Kontakt zu Fussbroichs nicht abreißen lassen – haben sich aber auch beim WDR die Vorzeichen geändert: Seit RTL und Sat1 mit dem Boulevardmagazin »Explosiv«, der Verbraucherschutzshow »Wie bitte?« oder dem Unterhaltungstalk »Schreinemakers live« sehr erfolgreich »Jedermann«-Programme veranstalten, probiert auch das öffentlich-rechtliche System neue Unterhaltungsformen aus. Vom WDR erhält Ute Diehl 1989 den ersehnten Auftrag, wieder mit den Fussbroichs zu drehen. Eine 90-minütige Kompilation aus neuem und altem Filmmaterial »Die

Fussbroichs – eine Kölner Arbeiterfamilie« wird 1990 bei 1Plus ausgestrahlt, darüber hinaus entsteht eine fünfteilige Miniserie, die der WDR im Winter des gleichen Jahres im dritten Programm zeigen möchte. Am 22. Dezember 1991 ist es soweit, »Fussbroichs – Die einzig wahre Familienserie« beginnt mit einem Satz von Annemie: »Die ›Lindenstraße‹ wird ja auch immer blöder.«

Mit sechs Prozent Marktanteil werden »Fussbroichs« für West3 ein Überraschungserfolg, zudem gewinnt Ute Diehl für Konzeption und Regie den begehrten »Adolf Grimme Preis«. Bald wird sogar diskutiert, ob die Serie mit den »Kölschen Originalen« künftig – hochdeutsch untertitelt – im bundesweiten Ersten Programm ausgestrahlt werden könnte. Fortan wird der WDR immer dabei sein, wenn bei Fussbroichs etwas Wichtiges passiert: Wenn Annemie in der Volkshochschule mit den englischen Pronomen kämpft (»Me name is Annemie«), wenn sich Fred beim Friseur »Mini-Plis« legen lässt, wenn Fussbroichs für ein Wochenende mit dem Bus nach Paris fahren, um dort festzustellen, dass »hier ganz schön viele Ausländer leben«, und sogar wenn die Uroma beerdigt wird, ist Ute Diehl mit ihrem Filmteam zur Stelle. Die zweite, nun zwölfteilige Staffel wird ab dem 26. Dezember 1992 ausgestrahlt. Damit das »echte Leben« der »einzig wahren Familienserie« der Wirklichkeit dicht auf den Fersen bleibt, wird die letzte Episode, »Schöne Bescherung«, erst am Heiligen Abend gedreht und in den wenigen Wochen bis zum Sendetermin montiert.

Die Fussbroichs sind jetzt Fernsehstars, über die nicht nur das Kölner Boulevardblatt »Express« Artikelserien schreibt, sondern auch der »Spiegel« ganzseitig berichtet. Anders als die Familie Loud, die mit der öffentlichen Wahrnehmung ihres Handelns erst konfrontiert wurde, als »An American Family« endgültig abgedreht war, können Fussbroichs ihre mediale Wirkung von Staffel zu Staffel immer wieder neu

©WDR
Prototypische Familie: Die Fussbroichs

überprüfen. Bei der Beurteilung des Filmmaterials kommt ihnen nun ihr langjähriger Fernsehkonsum zugute: Mit gutem Gespür für die mediale Verzerrung, mit der das Fernsehen die Wirklichkeit wiedergibt, achten Fussbroichs peinlich genau darauf, nicht allzu clever oder gar geldgierig zu wirken. Wenn mit dem WDR verabredet ist, an Weihnachten in letzter Minute noch einen mickrigen Tannenbaum zu kaufen, dann haben Fussbroichs in Wahrheit längst eine wohl gewachsene Fichte im Keller. Und wenn Ute Diehl vorschlägt, sie auf einen Ausflug in die Eifel zu begleiten – natürlich in der stillen Hoffnung, dass sich Fred und Annemie dabei hoffnungslos verfahren –, dann bereiten sich Fussbroichs zwar minutiös auf diese Autofahrt vor, aber letztlich benutzen sie ihre vielen Straßenkarten nur als Requisiten, um sich noch etwas hübscher zu verfahren. »Wir haben alle miteinander gespielt. Und zwar mit großem Vergnügen«, wird Ute Diehl später in einem Interview sagen. »Ich habe ja nie behauptet, dass ›Die Fussbroichs‹ eine dokumentarische Arbeit war. Wir haben zehn Tage im Jahr gedreht. Zehn Tage von 365. Wie wollen Sie da etwas Dokumentarisches machen? Ausgeschlossen! Einen Tag hinter denen herlaufen? Das ist doch das Langweiligste von der Welt.«

Weil Ute Diehl mit ihrer »einzig wahren Familienserie« dieser echten, aber langweiligen Wirklichkeit den Rücken gekehrt hat, wechselt sie samt ihrer preisgekrönten Arbeiterfamilie 1993 aus der WDR-Kulturredaktion in die »Hauptabteilung Fernsehspiel«. Es ist die Redaktion, die zwanzig Jahre zuvor mit »Acht Stunden sind kein Tag« Fernsehgeschichte geschrieben hat. Aber mit der Fassbinder-Serie, die Londoner Medienwissenschaftler 1981 sogar zu dem Forschungsprojekt »WDR and the Arbeiterfilm« veranlasst hatte, ist im Fernsehen der Neunziger kein Staat mehr zu machen. Selbst der »Spiegel«, der sich angesichts der neuen »Kultsendung« von Ute Diehl noch einmal an die alte Fassbinder-Serie erinnert, hat für die »geschminkten Proleten« von damals jetzt nur noch Hohn und Spott übrig: »Da wandelte Hanna Schygulla wie in Trance durch die Szenen und wollte mit verschleiertem Blick glauben machen, sie passe in eine Arbeiterwohnküche.« Annemie und Fred Fussbroich scheinen dagegen immer besser in ihre schmale Küche zu passen, je länger der WDR mit ihnen dreht. Weil der Fernseherfolg sie von Episode zu Epidsode bekannter und wohlhabender macht – wie viel Honorar der WDR für ihre Mitwirkung zahlt, wird zum bestgehüteten Geheimnis der Produktion –, entfernt sich die Serienwirklichkeit zunehmend von ihrem »eigentlichen« Alltag. Auch Fussbroichs gibt es jetzt doppelt. Der Presse gegenüber behaupten Fred und Annemie, sie hätten sich »ihre« Sendung noch nie im Fernsehen angesehen. Das mag stimmen. Wahr ist aber auch, dass Ute Diehl ihnen vor jeder neuen Staffel das gedrehte Material vorführt. Und wenn sich Fussbroichs mit einer Szene nicht wohl fühlen, wird sie nicht ausgestrahlt.

Eine ganze Weile lang lässt sich das »Doppelleben« der Fussbroichs vor den Zuschauern verbergen. Allerdings nimmt die regionale Popularität von Jahr zu Jahr zu, und als Frank Fussbroich von seiner langjährigen Freundin Pia verlassen wird – auch sie hat bisher in der Serie eine Rolle gespielt –, ist das der Kölner Boulevardpresse zum Beispiel eine Titelschlagzeile wert. So kann jeder wissen, was passiert ist, lange bevor Ute Diehl in der Folge »Aus der Traum« darauf Bezug nehmen wird. Der WDR-Redakteur Alexander Wesemann hat zwar inzwischen die Abstände zwischen den Serienblöcken verkürzt – ab 1994 zeigt Ute Diehl ihre Serie vorübergehend im Halbjahresrhythmus –, aber die Filmemacherin läuft trotzdem schon bald den Ereignissen hinterher: Im Sommer 1996 steht Frank Fussbroich wegen Kreditkartenbetrugs vor Gericht. Er hat an 13 Tankstellen mit einer gefälschten Kreditkarte Zigaretten im Wert von 1700 Mark gekauft und ist aufgrund seiner Fernsehbekanntheit natürlich schnell identifiziert worden. Als der Kölner »Express« über Franks Betrugsanklage berichtet, dreht Ute Diehl gerade mit Fred und Annemie auf Mallorca. Zunächst will sie in Absprache mit dem WDR die Dreharbeiten abbrechen, aber Fussbroichs haben das dringende Bedürfnis, »ihrem Publikum« eine Botschaft zukommen zu lassen. Sie möchten die Definitionsmacht über Franks Skandal nicht allein dem »Express« überlassen; es soll klar werden, dass ihr Sohn lediglich eine »Dummheit« begangen hat, weil er in schlechte Gesellschaft geraten ist. Ute Diehl inszeniert daraufhin eine Szene, in der Frank seine Eltern im Urlaub anruft, um ihnen von dem Gerichtstermin zu erzählen – »bevor ihr es aus der Zeitung erfahrt«. Das Telefongespräch findet aber nur für die Kamera statt, Fussbroichs sind weder ahnungslos noch sitzen sie zu diesem Zeitpunkt auf Mallorca in ihrem Hotel: Die Szene ist wesentlich später in Köln nachgedreht worden.

Im Nachhinein muss Ute Diehl erkennen, dass dieser Kreditkartenbetrug das entscheidende Ereignis war, das ihrer »ganzen Arbeit mit den Fussbroichs eine wesentlich andere Richtung gegeben hat«. In den nächsten Monaten erzählt sie die Betrugsgeschichte zu Ende, die entscheidende Folge heißt: »Der Gerichtstag«. In Zukunft soll das Thema Kriminalität aber ausgeblendet werden, um Frank nicht auf seine Straftaten zu reduzieren. Denn schnell wird klar: Es ist nicht bei dieser einen »Dummheit« geblieben. Nach seiner Verurteilung wegen Kreditkartenbetrugs wird Frank Fussbroich im Januar 1998 zu 10 000 DM Geldstrafe und einer Bewährungsstrafe wegen illegalen Handels mit Anabolika verurteilt. Im Februar 1999 muss er sich wegen Urkundenfälschung und Betrugs verantworten – Frank hat unter falschen Namen Sportbekleidung bestellt und nicht bezahlt –, schließlich wird er auch noch der Hehlerei bezichtigt: 35 Pakete Kaffee soll der inzwischen 31-Jährige aus zweifelhafter Quelle gekauft haben.

Lässt man einmal die »feinen Unterschiede« (Bourdieu) im Lebensstil außer Acht, mit denen sich die gesellschaftlichen Klassen im Wohlstandsdeutschland voneinander abgrenzen, dann gehört auch Frank Fussbroich, Jahrgang 1968, zu jener konsumorientierten und werbefixierten »Generation Golf«, der Florian Illies mit seinem gleichnamigen Bestseller ihren Markennamen gegeben hat. Dass sich auch für Frank seit seiner Kindheit »das ganze Leben anfühlte wie die träge Bewegungslosigkeit eines gut gepolsterten Sonntagnachmittags« (Illies), kann Ute Diehl mit »Ein Kinderzimmer« eindrücklich belegen: Die lustigen Schlümpfe standen auch bei Frank im Spielzeugregal, die »Bravo«-Plakate hingen auch über seinem Bett, und als Ute Diehl zehn Jahre später mit ihrem Kamerateam erneut bei Fussbroichs klingelt, steht Franks VW, der Illies' Generationenstudie den Namen gab, schon vor der Tür. Vom ersten Drehtag an ist Franks haltloser Konsumzwang – die häufig wechselnden

Autos und Freundinnen, die ungelenken Versuche, den eigenen Körper im Fitnessstudio zu tunen wie seine gebrauchten Sportwagen – ein wiederkehrendes Motiv der Serie. Nun, nachdem Frank straffällig geworden ist, sind alle Beteiligten bemüht, ihn in einem möglichst guten Licht zu zeigen. Aber die Verabredung, Franks kriminelle Karriere auszublenden, erweist sich als fatale Fehlentscheidung. »Es gab ja immer noch das schwierige Verhältnis zu den Eltern, die vielen Autos, die vielen Freundinnen, die vielen Trennungen«, so Ute Diehl. All dies lässt sich nach Franks »Dummheit« nicht mehr so naiv erzählen wie zuvor. Die Tabuzone breitet sich aus wie ein Ölteppich nach dem Tankerunglück: »Es wurde dann immer schwerer, Frank überhaupt noch positiv darzustellen.«

Im Winter 2001 überwirft sich Ute Diehl endgültig mit Frank Fussbroich. Damit ist das Spiel aus. Die Serie wird im Frühjahr 2002 still und leise beendet. Was genau zum Zerwürfnis geführt hat, hält Ute Diehl vor der Öffentlichkeit nun genauso geheim wie Fussbroichs Gagen. Auf dem Höhepunkt des »Reality-Booms« erklärt der WDR lapidar, die Geschichte der Fussbroichs sei nach zehn Jahren und 99 Folgen eben auserzählt. Zwei Jahre später zeigt der Sender in seinem Nachtprogramm »Die Fussbroichs Saga«. Auch in diesem 90-minütigen Kompilationsfilm, der in dreizehn Kapiteln noch einmal an die zwanzigjährige Filmarbeit erinnert, wird Franks Abgleiten in die Kleinkriminalität mit keinem Wort erwähnt.

1979, bei den Dreharbeiten zu »Ein Kinderzimmer«, war sich Fred Fussbroich der Alltäglichkeit seines Lebens noch ganz sicher: »Ich glaube, dass wir ganz normal leben, wie eine Familie mit einem Kind eben so lebt. Ich kann mir nicht vorstellen, dass es woanders viel anders ist mit Einzelkindern.« Wie Pat und Bill Loud aus der US-Fernsehserie »An American Family« empfanden sich auch Fussbroichs zu Beginn ihrer Fernsehkarriere als prototypisch für die Gesellschaft, in der sie lebten. Aber wie die kalifornische Fabrikantenfamilie mit ihren acht Zimmern und vier Autos hatten auch die Kölner Arbeiter das Gefühl, es innerhalb ihrer Möglichkeiten enorm zu etwas gebracht zu haben. Das, was sie stolz machte, wollten sie der Fernsehöffentlichkeit nur allzu gerne präsentieren. Alles andere sollte »privat« bleiben.

Dieses Kalkül ging schon 1972 bei Louds nicht auf: »An American Family« hatte sie nicht als glückliche, sondern als zerrüttete Familie berühmt gemacht. Die Reality-Serie von Ute Diehl räumt ihren Mitwirkenden zwar mehr Mitsprache und einen größeren Freiraum zur Selbstinszenierung ein, aber insgeheim – und vielleicht unbewusst – setzt Ute Diehl mit der »einzig wahren Familienserie« doch ungebrochen ihre Konsumkritik aus »Ein Kinderzimmer« fort: In ihrer dramatischen Substanz erzählt ihre Langzeitbeobachtung die Geschichte von Franks gescheiterter Erziehung. Deshalb ist die Serie auch in dem Moment »auserzählt«, als Ute Diehl keine Hoffnung mehr hat, dass sich Frank je ändern wird.

Während Ute Diehl mit der »einzig wahren Familienserie« nun für immer abgeschlossen hat, würden Fussbroichs gerne weitermachen. Besonders Frank kann vom lukrativen Fernsehruhm nicht lassen. Als er seine Freundin Claudia heiraten will, nimmt die Braut Kontakt mit Ute Diehl auf, um der Regisseurin »ihre Hochzeit zu verkaufen« (Diehl). Auch bei Alan und Susan Raymond hat 2001, also fast dreißig Jahre nach den Dreharbeiten zu »An American Family«, noch einmal das Telefon geklingelt. Lance Loud, der älteste Sohn von Pat und Bill, ist schwer krank. Er bittet die Filmemacher, seinen absehbaren Aids-Tod mit der Kamera zu begleiten. Für die Dreharbeiten nehmen noch einmal alle Familienmitglieder zu ihrer Fernseherfahrung von damals Stellung. Lance sagt: »Television ate my Family« (dt.: »Das

Fernsehen hat meine Familie verschlungen«). Er stirbt im Dezember 2001. Der Fernsehsender PBC zeigt die 60-minütige Dokumentation »Lance Loud! A Death in An American Family« im Januar 2003 – zum 30. Jahrestag von »An American Family«.

11. Paläste der Liebe

Sozialer Nullraum – »Big Brother« (2000) und Rainer Langhans' »Kommune unplugged. Fünf Frauen und ein Mann« (2003)

Als Frank Fussbroich heiratet, ist die Frau, die dreißig Jahre lang sein Leben dokumentierte, nicht eingeladen. Das Angebot, seine Hochzeit für den WDR zu verfilmen, hat Ute Diehl ausgeschlagen. »Es war ein Köder«, sagt sie. »Aber ich habe nicht danach geschnappt.« Zwei Jahre später gelingt es Frank Fussbroich auf anderem Wege, in die Fernsehöffentlichkeit zurückzukehren. Von seiner Teilnahme an der Realityshow »Big Brother« erhofft sich der mehrfach vorbestrafte Betriebsschlosser eine positive Image-Korrektur: »Die Leute sollen mich anders kennen lernen als früher, nicht als Prolet.« Er habe sich fest vorgenommen, den Container als Gewinner zu verlassen, erklärt der 35-Jährige. »Ich tue das für meine Familie und für alle Kölner.« Aber aus dem guten Vorsatz wird nichts: Nach nur 42 Tagen verlässt Frank Fussbroich freiwillig das »Big Brother«-Haus – unter Tränen, wie die Lokalpresse berichtet. Seine Frau Claudia soll während seiner Abwesenheit massiv bedroht worden sein, Grund seien finanzielle Schwierigkeiten des Fussbroich'schen Gemüseladens. Vielleicht sind die »durchschnittenen Bremsschläuche« aber auch eine Erfindung und Frank hatte einfach keine Lust mehr auf den kargen »Survivor-Bereich« im »Big Brother«-Haus. Dass er in seinem Leben noch nicht allzu viel bis zum Ende durchgehalten hat, belegt Ute Diehls Langzeitbeobachtung genauso wie Franks besondere Begabung, sich mit blumigen Geschichten aus der Affäre zu ziehen. Der Mann, der noch einen Monat zuvor allen beweisen wollte, dass er ganz anders sei, als das Fernsehen ihn bisher darstellte, ist sich jetzt jedenfalls sicher: »Wie kann ich alberne Spielchen spielen, wenn es meiner Familie schlecht geht? Dann hätte ich nicht zu heiraten brauchen. Die Familie geht vor – das haben wir Fussbroichs immer so gehalten und das wird auch so bleiben.«

Während Frank Fussbroich in den Schoß seiner Familie zurückkehrt, gehen im »Big Brother«-Haus die »albernen Spielchen« munter weiter. Das moderne Zielgruppenfernsehen hat ohnehin die »Familie« abgeschafft. Ihre mediale Widerspiegelung ist sinnlos geworden, seit vor den Fernsehgeräten kaum noch Familien, sondern in der Regel nur noch Einzelpersonen sitzen. Vor allem in den Großstädten steigt die Zahl der jungen und alten Singles stetig an. Was »Pille« und »sexuelle Revolution« von der Bindungskraft der »Normalfamilie« übrig gelassen haben, erledigt das Fernsehen in den neunziger Jahren mit seiner individuellen Angebotsvielfalt: Weil »Arabella« eigens für Schüler gemacht und Pfarrer Fliege eher für Rentner gedacht ist, schaut nun jeder in seinem eigenen Zimmer durch sein »eigenes Fenster zur Welt«. Umfangreiche gesellschaftliche »Individualisierungsprozesse« (Ulrich Beck) lassen Kategorien wie Klasse und Stand, Geschlechterrollen, Familie oder Nachbarschaft brüchig werden, leitende Normen büßen ihre verhaltensprägende Kraft ein: »Was früher stumm vollzogen wurde, muss nun beredet, begründet, verhandelt, vereinbart und kann gerade deswegen immer wieder aufgekündigt werden.« Dem Fernsehen kommt jetzt als »Schaubühne der Lebensführung« eine neue Orientierungsfunktion zu: In den Talkshows am Nachmittag kann jedermann allein und unverbindlich soziale Handlungsmuster und moralische Grundüberzeugungen studieren; in den »Beziehungsshows« am Abend wird das Zusammenleben exemplarisch in seine emotionalen Bestandteile zerlegt: Die Datingshows »Herzblatt« oder »Nur die Liebe zählt« bringen Singles zusammen, in »Flitterabend«

oder »Traumhochzeit« versprechen sich Verliebte ewige Treue, in »Verzeih mir« können Beziehungskrisen beendet, in »Bitte melde Dich!« Ausreißer zurückgeholt werden. In der »Erlebnisgesellschaft« (Gerhard Schulze) ist das Fernsehen ein »Erlebnisanbieter«, der seinen Konsumenten per Knopfdruck jede Menge neue Erfahrungen offerieren kann. Die ursprüngliche inszenatorische Differenz zwischen Akteur und Publikum, also zwischen »zuschauen« und »dabei sein«, hebt das Realityfernsehen endgültig auf, als »Big Brother« dem Publikum die Möglichkeit einräumt, per Telefonabstimmung über die Zusammensetzung einer Wohngemeinschaft – und damit über Glück und Unglück der Bewohner – zu bestimmen.

Zwei Jahre hat der Showentwickler John de Mol an einem geheimnisvollen »Projekt X« gearbeitet, mit dem er die Sehnsucht der Zuschauer nach Teilhabe am Geschehen und ständiger Verfügbarkeit des Angebots gleichzeitig erfüllen will. Seine Produktionsfirma Endemol baut deshalb auf einem Studiogelände bei Almere eine Containerwohnung, die mit 24 Kameras und 59 Mikrofonen ausgestattet ist. John De Mol tauft seine neue Show »Big Brother« – nach der gleichnamigen totalitären Staatsmacht in George Orwells Science-Fiction-Roman »1984«, deren »Gedankenpolizei« sich jederzeit über den »Teleschirm« in die Privatsphäre seiner Bürger einschalten kann. Denn auch für den »großen Bruder« in Almere ist jeder Winkel des »Big Brother«-Hauses ständig einsehbar; lediglich die Toilette wird für die Zuschauer tabu sein. Die zehn Freiwilligen, die sich im Winter 1999 hundert Tage lang im »Big Brother«-Haus einschließen lassen, verzichten nicht nur auf ihre Intimsphäre, sondern auch auf jeglichen Kontakt zur Außenwelt: Fernsehen, Radio, Zeitungen, Bücher, Musik, Telefon und sogar Papier und Bleistift sind streng verboten im Wohncontainer; nichts soll die fünf Frauen und fünf Männer zwischen 20 und 44 Jahren von ihren gruppendynamischen Prozessen ablenken. Die will der Fernsehsender Veronica nämlich einmal pro Tag in einer 35-minütigen Show zeigen; darüber hinaus kann der Alltag in der Fernseh-WG rund um die Uhr im Internet nachvollzogen werden. Alle zwei Wochen entscheiden die Zuschauer, wer die Fernseh-WG verlassen muss. Dem Finalisten winkt eine Siegprämie von 250 000 Gulden (100 000 Euro).

In Orwells Roman »1984« hat der totalitäre »große Bruder« die absolute Kontrolle über sein Volk; die Kameraüberwachung durch die ständig eingeschalteten »Teleschirme« ist nur eines von vielen Werkzeugen der Unterdrückung: Im »Palast der Liebe« werden Abtrünnige mit grausamen Foltermethoden dazu gebracht, den Staat wieder zu lieben. Das »Ministerium für Wahrheit« säubert Bücher und Zeitungen von allem, was der derzeit herrschenden Doktrin zuwiderläuft. Die »Gedankenpolizei« verfolgt jeden Bürger auf Schritt und Tritt, schon der Wunsch nach Widerstand wird als Verbrechen be-

Individualisierungsprozesse: Big Brother

trachtet. Mit all dem hat die »Gefängnisshow«, wie Kritiker de Mols Reality-Experiment nennen, nichts zu tun. Weder hat der »große Bruder« in der Fernsehshow »Big Brother« ein politisches Anliegen, noch verfügt er mit seiner Spielanordnung über so etwas wie absolute Kontrolle. Im Gegenteil: Das gefilmte Sozialexperiment ist zunächst offen. Für »Big Brother« gibt es bisher keinerlei Erfahrungswerte; die Show ist, so John de Mol, »nicht bis zum Ende durchgeplant.«

Die zehn WG-Bewohner kennen sich untereinander nicht, Endemol hat sie unter 3000 Bewerbern ausgesucht und von zehn Psychologen auf ihre seelische Stabilität hin untersuchen lassen. Denn in Schweden hat sich kurz zuvor ein Kandidat nach der Abenteuershow »Survivor« das Leben genommen: In der besonderen Extremsituation – die Teilnehmer mussten wochenlang auf einer unbewohnten Insel miteinander auskommen – hatte der junge Mann offenbar die Zurückweisung der Gruppe nicht verkraftet. Deshalb wird das Spielkonzept von »Big Brother« im Vorfeld heftig diskutiert – was die neue Show natürlich erst recht bekannt macht. Schon die erste Folge von »Big Brother« sehen sich 700 000 Niederländer an; nachdem sich im Container ein erstes Liebespaar gefunden hat, steigt die Quote noch einmal enorm an. Dann aber vergisst Sabine für einen Moment die Anwesenheit der Kameras: Vermeintlich ›unter vier Augen‹ verrät sie einer Mitbewohnerin, ihre Liaison mit Bart sei »nichts Ernstes«. Die Zuschauer wählen die junge Frau daraufhin aus der Wohngemeinschaft. Als der ahnungslose Bart bei ihrem Auszug in Tränen ausbricht, sieht ihm die halbe Nation fasziniert dabei zu.

Danach fallen die Einschaltquoten wieder. Noch haben die Bewohner »drinnen« keine konkrete Vorstellung von ihrer Medienwirkung. Weil sie nicht ahnen, dass gerade ihre Intrigen und gruppendynamischen Blockbildungen »draußen« als besonders spannend wahrgenommen werden, tun sie nicht das, was die Zuschauer von ihnen erwarten, sondern das, was ihnen in ihrer sozialen Abgeschiedenheit am sinnvollsten erscheint: Sie vermeiden Konfrontationen und warten dösend und teilnahmslos auf das Ende des Wettbewerbs.

Die Alltäglichkeit des Zusammenlebens als spektakuläre Angelegenheit zu inszenieren wird zur größten Herausforderung für »Big Brother«. Für die deutsche Ausgabe, die wenige Wochen nach dem niederländischen Finale auf Sendung gehen soll, wird die Hausordnung im Container deshalb erheblich verschärft: Die zehn Bewohner müssen ihren Wohnkomfort nun hart erarbeiten. Aus der Dusche kommt nur stundenweise heißes Wasser, Rotwein und Tabak muss man sich mit »Sonderaufgaben« mühsam »verdienen«. Die künstliche Verknappung soll die Stimmung in der WG schnell kippen lassen, denn während die Psychologen in Holland eine relativ homogene Gruppe zusammengestellt hatten, sind die deutschen Kandidaten so ausgesucht, dass die Charaktere häufiger aneinander geraten.

Dass die bloße Preisgabe der Intimsphäre auf Dauer nicht ausreicht, um das Interesse der Öffentlichkeit zu erregen, haben schon 1967 die Berliner Studenten Fritz Teufel und Dieter Kunzelmann gelernt, als sie die »Kommune 1« gründeten, um so den Widerspruch zwischen »gigantischer Theorie im Hirn und zwergwüchsiger Praxis an der Universität, auf der Straße, im SDS und im eigenen Leben« (Kunzelmann) zu überwinden. Privateigentum und »ausschließliche Liebesverhältnisse« sind in der »Kommune 1« abgeschafft, um die »tendenzielle Aufhebung bürgerlicher Abhängigkeitsverhältnisse (Ehe, Besitzanspruch auf Mann, Frau und Kind etc.)« zu verwirklichen. Nach einer Übergangszeit in der leer stehenden Zweitwohnung des Schriftstellers Uwe Johnson zieht die »K1« ausgerechnet ins Berliner Rotlichtviertel am Stuttgarter Platz. Zunächst schirmen sich die Kommunarden völlig von der Öffentlichkeit ab. Monatelang darf niemand ohne Aufsicht der anderen vor die Tür, dafür muss die Klotür in der Kommune aus Prinzip immer offen bleiben. Die nächtelangen Psychodiskussionen, in denen sich die Kommunarden ihrer »bürgerlichen Prägungen« bewusst werden wollen, nehmen schnell inquisitorische Züge an, ihre mühsame »Revolutionierung des Alltags« protokollieren die Studenten gewissenhaft: »Zusammenbrüche provozieren eine Spannung, die nicht mehr zu ertragen ist.« Schließlich macht Fritz Teufel den befreienden Vorschlag, über »Aktionen nach außen die Konsolidierung nach innen« anzugehen. Mit einem »Pudding-Attentat« auf den amerikanischen Vizepräsidenten Humphrey wollen die Kommunarden den »Schlusspunkt der Beschäftigung mit uns selbst setzen«. Für ihren Spaß-Anschlag kaufen sie Mehl, Eier, Torten und Schlagsahne und experimentieren tagelang mit einem »Rezept« für Rauchbomben. Zu dem geplanten Happening wird es zwar nie kommen – die Kommunarden werden inzwischen vom Berliner Verfassungsschutz beobachtet und am Vorabend des Staatsbesuches verhaftet –, trotzdem berichtet die Presse ausführlich über die »elf Verschwörer« und macht die K1 so bundesweit bekannt. Wieder aus der Untersuchungshaft entlassen, geben die Kommunarden ihre erste Pressekonferenz: Bildwirksam verschanzt hinter Mehl und Pudding versprechen sie, ihren »öffentlich verordneten Unsinn weiterzutreiben«. Die Illustrierte »Stern« schreibt: »Sie basteln Bomben aus Buttercreme und halten sich für den Sprengstoff unserer Zivilisation. Sie verachten Arbeit als ›Schande‹ und das Arbeiterparadies DDR als ›bürgerlichen Idiotenhaufen‹. Sie predigen Hass gegen die Bundesrepublik und freie Liebe auf der gemeinsamen Bude.«

Die Kommunarden sind jetzt die Popstars der APO-Bewegung, die Journalisten geben sich die Klinke in die Hand. Aber wer die Kommune 1 zu »freier Liebe« oder überwundenen »Besitzansprüchen« interviewen will, muss zahlen: »Erst blechen, dann sprechen« steht an der Wohnungstür. Ein Reporter vom »Spiegel« erkauft sich den Zugang mit einem Fernsehgerät samt Zimmerantenne. Jetzt können die Kommunarden abends in der »Tagesschau« nachvollziehen, wie ihre Aktionen gewirkt haben. »Wir wussten auch bald«, erinnert sich Rainer Langhans, »wie man mit dem Fernsehmedium umzugehen hat: Wir sollten nicht spießig sein und vor allem unberechenbar bleiben. Das war schon subversive Medienarbeit.«

Während in der öffentlichen Wahrnehmung die lustvolle sexuelle Enthemmung zum Markenzeichen der Kommune wird, sind promiske Eskapaden in Wirklichkeit eher selten. Wie der »Spiegel« erst Jahre später zugibt, gibt es in der K1 eigentlich »abgesehen von Glühbirnen nur wenig Nacktes«. Die Kommunardin Dagmar Seehuber erinnert sich an den Fototermin, zu dem sich alle mit dem Rücken zur Kamera nackt an die Wand stellten: »Damals habe ich die anderen das erste Mal unbekleidet gesehen, danach nie wieder. Wir waren ziemlich verklemmt.« Das darf aber niemand wissen, in der Zeitschrift »Pardon« prahlt ein Kommunarde deshalb mit der Rekrutierung von Schlafgenossinnen wie ein Zuhälter vom Stuttgarter Platz: »Es ist wie bei der Pferdedressur. Erst muss einer das Tier einreiten, dann steht es allen zur Verfügung. Erst ist es Liebe oder so etwas Ähnliches, nachher nur noch Lust. Der Trick ist schrecklich einfach: Man macht ein Mädchen verliebt, schläft mit ihr und markiert nach einer Weile den Enttäuschten oder Desinteressierten. Dann überlässt man sie der Aufmerksamkeit der anderen, und das Ding ist gelaufen. So ist sie vollwertiges Mitglied.«

In Wahrheit lassen sich die Paarbeziehungen nicht per Beschluss abschaffen. Auch die pädagogisch orientierte »Kommune 2« löst sich nach einer intensiven Zeit der Selbsterfahrung wieder in zwei Kleinfamilien auf, die Kommune 1 kämpft weiter mit den eigenen Ansprüchen. Freie Liebe hin, freie Liebe her – als die Kommunardin Dagmar Seehuber schwanger wird, ist sofort klar, dass nur Dieter Kunzelmann als Vater infrage kommt. »Eigentlich hatte ich mich darüber gefreut, und konnte mir sogar vorstellen, dieses Kind innerhalb der Kommune zu haben«, erinnert sie sich. »Als aber dann in einer großen Kommunedebatte beanstandet wurde, dass ich das Schwangerwerden nicht vorher mit der Kommune besprochen hatte, und Kunzelmann sich lauthals davon distanzierte, weil er sich nicht als Vater fühlte, war für mich klar, dass es in dieser Situation nur einen Abbruch geben konnte.« Eigentlich sollten »alle Kinder, die dem Lebenskollektiv entspringen, als Nachwuchs der maoistischen Kampfgemeinschaft gemeinsam aufgezogen werden« – so hatten es die Kommunarden jedenfalls dem »Stern«-Reporter in den Block diktiert. Nun kommen die 500 Mark für die illegale Abtreibung nach dem K1-Prinzip »gemeinsam leben und wirtschaften« aus der Haushaltskasse.

Die Kommune 1 bleibt kinderlos und löst sich im Winter 1969 auf. Keine zwei Jahre hat die Wohngemeinschaft gehalten, aber die Frage der Kommunarden »Wie wollen wir leben?« überdauert Jahrzehnte. Denn das »Urmuster« K1, das die Medien in so schillernden Farben ausgemalt haben, bringt viele neue Ableger hervor: Studenten gründen Wohngemeinschaften, Alleinerziehende schließen sich in Patchworkfamilien zusammen, Alternative besetzen leer stehende Häuser. Die Grundsätze des familiären Zusammenlebens werden mit diesen neuen Lebensformen infrage gestellt: Ist Privateigentum wirklich nötig? Ergibt sexuelle Treue immer Sinn? Braucht ein Kind unbedingt seinen leiblichen Vater? Eine Beziehung staatlichen Segen? Jedes Zimmer eine Tür?

So hat die Kommune 1 auf ihre subversive Art das Ziel der »Verrottung der Institution Familie« doch noch erreicht. Im kollektiven Unbewussten lebt sie zudem als entgrenzter »Palast der Liebe« weiter, sogar die Hausordnung von »Big Brother« ist dreißig Jahre danach noch vom Trugbild der sexuell freizügigen, gruppendynamisch explosiven, konsumistisch egalitären »Kommune« inspiriert. Und die Bewohner des deutschen Wohncontainers handeln auch nicht viel anders als damals die Studenten vom Stuttgarter Platz: Sie prahlen zwar mächtig mit ihrer sexuellen Abenteuerlust, aber beim Einzug teilen sie die beiden Schlafräume dann doch ganz selbstverständlich nach Geschlechtern auf. Janas chinesische Liebeskugeln werden bis zu ihrer Abwahl unbenutzt im Gepäck bleiben, und obwohl sich der Playboy Alex vor dem Einzug noch halbnackt auf seinem Motorrad filmen ließ, bedeckt er auf dem Weg unter die »Big Brother«-Dusche sein Geschlecht keusch mit einer Unterhose. Am ersten Abend im Container inspizieren die Frauen zuerst die Küchenzeile und die Männer die Hantelbank. Die wichtigen Fragen des Zusammenlebens – »Brauchen wir wirklich jede Woche 56 Liter H-Milch?« – sind eben auch im »Big Brother«-Alltag noch genauso quälend banal wie damals, als die Kommunardin Lisbeth Schlotterer ihre Mitbewohner entnervt fragte: »Was wollt ihr eigentlich verändern in dieser Gruppe, wenn ich jeden Tag für alle abwaschen muss?«

Das »gemeinsame Leben und Wirtschaften« im »Big Brother«-Container ist oft so unspektakulär, dass es Endemol nicht immer leicht fällt, aus der 24-Stunden-Beobachtung für die Tageszusammenfassung wenigstens 45 halbwegs interessante Fernsehminuten zusammenzustellen. Das ändert sich auch dann nicht, als es nach einem langen, enthaltsamen »Big Brother«-Monat zwischen zwei Bewohnern endlich funkt. Am 6. April 2000 notiert das interne Tagesprotokoll der »Big Brother«-Redaktion lapidar: »Kerstin und Alex poppen.« Bei seinem Einzug hatte Alex im »Bild«-Interview erklärt: »Ich habe keine Probleme mit Sex vor der Kamera«, nun vollzieht er den Koitus aber doch lieber unter der Bettdecke. Auf den milchigen Infrarot-Aufzeichnungen ist nicht viel zu sehen. Aber selbst das Wenige ist »Bild« am nächsten Tag eine Titelschlagzeile wert: »Sex bei Big Brother – Alex strahlte wie Bill Clinton«.

Aber die öffentlich gemachte Intimität führt nicht zur erhofften Aufmerksamkeitssteigerung, zum Zuschauerliebling wird wenig später der Industriemechaniker Zlatko Trpkovski mit so unfreiwillig komischen Sätzen wie »Das Aussehen ist das Erste, was man sieht«. Das Verhältnis zwischen Alex und Kerstin wirkt auf die Zuschauer dagegen zu kalkuliert, es hält auch nicht lange. Kurz nach der Trennung verlässt Kerstin freiwillig den Container, Alex wird von den Zuschauern abgewählt. Der Kulturjournalist Roger Willemsen leitet daraus ab, »dass nicht Sex, nicht Nacktheit diesem Projekt Zuschauer sicherte, sondern: das Gespräch«.

Das mag vielleicht für die deutsche Version und sicher für die US-Ausgabe von »Big Brother« gelten – den prüden Amerikanern garantiert der Lizenznehmer CBS im Vorfeld, keinen Teilnehmer nackt zu zeigen –, aber im englischen »Big Brother«-Haus wird mit Genehmigung der Kandidaten sogar die Toilette in die Überwachung einbezogen, und die italienische Presse kürt den Jurastudenten Pietro zum »Macho 2000«, weil er seine Freundin im »Big Brother«-Haus »hinterm Vorhang, unterm Esstisch und im Pool« beglückt hat. Auch in Spanien dauert es nur fünf Sendetage, bis die ersten Kandidaten im Swimmingpool zum Äußersten kommen. Als sich später herausstellt, dass zwei der Bewohnerinnen vor ihrem Einzug als Prostituierte gearbeitet hatten, kann das dem überwältigenden Erfolg der Show nicht mehr schaden.

In Deutschland geht noch im gleichen Jahr eine zweite Staffel von »Big Brother« auf Sendung, die Fortsetzung wird ein noch größerer Quotenerfolg. Erneut hat Endemol die Regeln verschärft, die Belegschaft muss sich jetzt alle Lebensmittel erarbeiten, und das Spektrum der Charaktere reicht von einem sechsfachen Familienvater, dem besonnenen Rocker Harry (40), bis zu dem Schauspieler und Stuntman Christian (28), einem telegenen Choleriker. Und anders als in der ersten Runde ahnen inzwischen alle, was in der

»Big Brother«-Tageszusammenfassung besonders gut »rüberkommt«: Liebeskummer und Wutausbrüche werden deshalb für die allgegenwärtigen Kameras wie am Fließband inszeniert. Wer glaubt, genug Aufmerksamkeit erregt zu haben, verlässt wie der selbst ernannte »Nominator« Christian vorzeitig den Container, um seine Popularitätsgewinne zu realisieren, bevor die Gunst des Publikums sich einem anderen Kandidaten zuwendet. Auch das Liebespaar Karim und Daniela verlässt gemeinsam das Haus, weil sich ihre Paarbeziehung mit der Gruppendynamik im Container-Alltag nicht vereinbaren lässt. Zurück blieben jene, die auch »draußen« gerne am Küchentisch sitzen und über sich, Gott und die Welt reden. Für den »Spiegel«-Autor Reinhard Mohr ist »Big Brother« ein soziologisches Déjà-vu: »Genau so war das in den späten sechziger und frühen siebziger Jahren, damals, als in der berühmten Kommune 1 die Geburt der Gruppe zelebriert wurde, das öffentliche Leben im privaten Kollektiv bis zur ausgehängten Klotür.«

Auch der Ex-Kommunarde Rainer Langhans sitzt in München vor dem Fernseher und erinnert sich an alte K1-Zeiten. »Jetzt, kurz vor dem Ende der zweiten Staffel von Big Brother, sieht man, wie sehr dieses Experiment dem ähnelt, was wir damals in der Kommune 1 in Berlin demonstrierten«, schreibt er in der »FAZ«. »Weil es im täglichen Leben vor lauter Ablenkungen keine Möglichkeiten mehr zur Sinnsuche gibt, findet diese nun im Fernsehen statt. Vor der Kamera beginnt die Neuverhandlung mit dir selbst. Wie will ich leben? Wie funktioniert eine Zweierbeziehung, wie bildet sich eine Gesellschaft? Das TV-Medium ist der Veranstalter dieser Suche nach sich selbst – ein sozialer Nullraum.« Die Analyse hat Langhans gemeinsam mit Christa Ritter verfasst; die Filmregisseurin ist eine von fünf Frauen, mit denen er seit 1978 in einem »Harem« zusammenlebt. Auch fünf inzwischen erwachsene Kinder, für die sich Langhans bis heute als

»erste männliche Bezugsperson« verantwortlich fühlt, gehören zu dieser offenen Lebensgemeinschaft. Seine Haremskinder haben aber nie mit ihm zusammengelebt und sind auch nicht mit Langhans blutsverwandt. Anfang der siebziger Jahre wandte sich das männliche Sexsymbol der APO nämlich einem indischen Guru zu, der ihn von seinem »Körperprogramm« befreite und auf einen »inneren Weg« schickte. Seitdem lebt Rainer Langhans ein asketisches Leben, das auch sexuelle Enthaltsamkeit einschließt. Seinen bescheidenen Unterhalt verdient er als »letzter Prophet der 68er« (»Frankfurter Rundschau«) mit Gastbeiträgen in Zeitungen, Fernsehfilmen über alte Weggefährten und Auftritten in Talkshows.

Nach der dritten Staffel ist der »soziale Nullraum« von »Big Brother« endgültig kommerziell ausgeschöpft, zurück bleibt eine fallende Einschaltquote. Endemol verordnet dem Reality-Format eine zweijährige Pause, im März 2003 kehrt »Big Brother – The Battle« mit einem neuen Konzept zurück. Die künstliche Lebenswelt ist nun in einen »armen« und einen »reichen« Bereich aufgeteilt, in Wettkämpfen müssen die zwei konkurrierenden Teams aushandeln, wer auf der Sonnenseite und wer auf der Schattenseite des Containers lebt. In der fünften Staffel, die ab März 2004 über ein ganzes Jahr hinweg ausgespielt wird, ist die Simulation sozialer Schichten noch deutlicher ausdifferenziert: Im »Survivorbereich« erinnert nun vieles an das karge Leben Obdachloser. Die Kandidaten schlafen auf dem Boden in Schlafsäcken, und die knappen Nahrungsmittelrationen bestehen überwiegend aus Rohkost und Hülsenfrüchten. In der Sphäre der »Normalen« herrscht der bescheidene Wohlstand der bürgerlichen Mittelschicht, zudem lässt sich die Haushaltskasse mit Wohlverhalten und Fleiß jederzeit aufbessern. Aber nur wer im »Big Brother«-Haus zu den »Reichen« gehört, kann sich alles leisten. Sogar persönliche Fitnesstrainer und Friseure dürfen beim »großen Bruder« bestellt werden, für niedere Arbeiten wie Putzen oder Bügeln können die »Reichen« Arbeitskräfte aus dem »normalen« Team engagieren.

Die neue Welle der Aufmerksamkeit, die der inszenierte Klassenkampf von »Big Brother – The Battle« 2003 auslöst, nutzt Rainer Langhans, um sich einen lang gehegten Wunsch zu erfüllen. Für die lokalen Partnersender »TV München« und »TV Berlin« startet er ein »Big Brother für Intellektuelle« (»Frankfurter Rundschau«). Dafür zieht er mit seinem Harem – der Journalistin Christa Ritter, dem Ex-Fotomodell Brigitte Streubel, der Fotografin Anna Werner, der ehemaligen Millionärsgattin Gisela Getty und ihrer Zwillingsschwester Jutta Winkelmann – vorübergehend in eine Vierzimmer-Altbauwohnung. Eine Woche lang schirmen sich die sechs dort von der Außenwelt ab und lassen sich bei diesem »Marathon-Encounter« von Kameras beobachten. Später werden die Zuschauer von »Kommune unplugged – Ein Mann und fünf Frauen«, so verspricht Langhans es auf einer Pressekonferenz, dem Harem auch bei »sexuellen Handlungen in der Badewanne« zusehen können.

Aber die Schwabinger Altbauwohnung ist dann doch bestenfalls im Orwell'schen Sinne ein »Palast der Liebe«: Das Zusammenleben auf engstem Raum – im Schlafzimmer liegen die sechs Matratzen dicht an dicht – ist für alle ausgesprochen strapaziös, üblicherweise lebt der »Harem« nämlich auf sechs Wohnungen verteilt. Aber selbst als Jutta Winkelmann mit den Worten »Ich gehe jetzt nach Hause und bringe mich um. Die zeigen das Zeug im Fernsehen, und so will ich nicht mehr leben!« ihren Suizid ankündigt, werden die Dreharbeiten nicht abgebrochen. Bei der Ausstrahlung dieser Folge ergänzt die Produktion den Vorspann lediglich um den Hinweis »Für Jugendliche unter 18 Jahren nicht geeignet«.

Die »Kommune unplugged« findet zwar viel Aufmerksamkeit in der Presse, aber kaum Publikum. Der sechsten Staffel von »Big Brother« ergeht es nicht viel anders, dabei sollte gerade »Big Brother – das Dorf« eine besondere Sensation werden: Endemol hat sich von dem Finalprinzip verabschiedet, die Kandidaten, die am 1. März 2005 in das »Big Brother«-Dorf ziehen, leben und arbeiten dort auf unbestimmte Zeit zusammen. In drei Teams eingeteilt – es gibt jetzt »Chefs«, »Assistenten« und »Hilfsarbeiter« –, verdienen sie sich ihren Unterhalt in einer Kfz-Werkstatt, einem Modeatelier oder auf dem »Big Brother«-Bauernhof. Mit »Big Brother – das Dorf« erhebt Endemol den Anspruch, das »wahre« Leben in allen seinen zentralen Bestandteilen nachstellen zu können. Nur Kinder wird es in dieser komplexen künstlichen Lebenswelt nicht geben. Wer schwanger wird, muss gehen. Das ist eine ausgemachte Sache, seit Endemol mit dem Thema »Familie« im niederländischen »Big Brother«-Container ausgesprochen schlechte Erfahrungen gemacht hat.

Im Winter 2004 hat John de Mol eigens eine Hochschwangere engagiert, die bereit ist, ihr Kind im »Big Brother«-Haus vor laufenden Kameras zur Welt zu bringen und auch nach der Geburt dort zu bleiben. Aber das niederländische Sozialministerium untersagt die Live-Geburt im letzten Moment und beharrt auf die Kinderschutzregel, der zufolge Säuglinge nur acht Tage pro Monat maximal zwei Stunden pro Tag gefilmt werden dürfen. Der gerichtlich verordnete Schutz des Babys treibt die »Big Brother«-Mutter in die soziale Isolation: Tanja muss mit ihrer Tochter Jocelyn Savanna nun die meiste Zeit des Tages von den anderen Bewohnern abgeschirmt in dem einzigen kamerafreien Raum des »Big Brother«-Hauses verbringen. Zwei Wochen nach der Geburt verlassen Mutter und Tochter im Einverständnis mit den Produzenten die Fernsehshow. Die Widerspiegelung von Familienglück funktioniert so einfach nicht.

12. Familienhelfer!

So lebt Deutschland – »Die Super Nanny« (2004) und »Suche Familie!« (2006)

Im neuen Jahrtausend lebt in jedem zweiten Haushalt nur noch eine Person, auch Rainer Langhans und seine fünf Haremsfrauen wohnen ja seit dreißig Jahren getrennt. Für die Soziologen praktizieren sie damit sehr erfolgreich »LAT«: »Living Apart Together«. Frank Fussbroich lebt ebenfalls wieder allein. Seine Patchworkfamilie ist im Herbst 2005 auseinandergebrochen; als Claudia Fussbroich auszog, hat sie ihre leibliche Tochter selbstverständlich mitgenommen. Die bundesdeutsche Gesellschaft vereinzelt und vergreist. »FAZ«-Herausgeber Frank Schirrmacher schlägt 2004 Alarm: »Was uns bevorsteht, kommt mit der Wucht einer Naturgewalt. Altern, diese angstbesetzte und zutiefst verleumdete Lebenserfahrung des Menschen, wird zum ersten Mal zum Massenphänomen.« In seinem Bestseller »Das Methusalem-Komplott« beschreibt er den demographischen Wandel: »Wir werden mit unseren Eltern und womöglich Großeltern auf einer Zeitachse leben. Wir werden aber auch – dafür sprechen alle Daten – mit unseren ebenfalls betagten Kindern zusammenleben.« Zwei Jahre später nimmt Schirrmacher deshalb in dem ebenfalls viel beachteten Essay »Minimum« die Institution »Familie« als neue »Schicksalsgemeinschaft« in den Blick: Die werde aufgrund der gestiegenen Lebenserwartung nämlich wieder zum Mehrgenerationenverhältnis, seit »Menschen mit fast siebzig Jahren« zur Betreuung ihrer noch älteren Eltern in die eigene Herkunftsfamilie zurückkehren müssen – ein Drittel, ohne je eine eigene Familie gegründet zu haben. »Die große Chance liegt darin, zu erkennen, dass das, was die Gemeinschaft im Innersten zusammenhält, nicht vom Markt, aber auch nicht vom Staat organisiert werden kann: jene Handlungen, für die Eltern und Kinder kein Geld und keine Anerkennung bekommen, die so selbstverständlich sind, dass es keine Orden gibt und keine Sozialversicherung – Selbstverständlichkeiten, wie gesagt, die nun, da sie zum sich verknappenden Gut zu werden drohen, einen hohen Preis kosten.«

Aber der Generationenvertrag verliert nicht nur seine Gültigkeit, weil in Deutschland immer weniger Kinder geboren werden, wie Schirrmacher eindrücklich vorrechnet. Auch dort, wo noch reichlich Nachwuchs vorhanden ist, sind Solidarität und Fürsorge längst keine Selbstverständlichkeit mehr. Wie es um die »Keimzelle der Gesellschaft« in den sozialen Brennpunkten der Republik bestellt ist, bebildert das Privatfernsehen in seinen »Familienprogrammen« an jedem Werktag aufs Neue: »Kinderkram – mit 16 kannst du keine gute Mutter sein« oder »Unglücklich – seit dem Baby fühle ich mich hässlich« heißt es in der RTL-Talkshow »Oliver Geissen«; »Teenie-Mum: Warum schiebst du dein Kind ab?« oder »Samenskandal! Dieses Kind ist nicht von mir!« titelt die Sat1-Konkurrenz »Britt«.

Der »Spiegel« konstatiert im Sommer 2005 in einer Titelgeschichte: »Die Unbedingtheit elterlicher Liebe, seit der biblischen Geschichte vom verlorenen Sohn Allgemeingut des Abendlandes, ist heute ein Mehr-Etappen-Lernziel im Elternkurs-Konzept. Kinder großzuziehen, seit Jahrtausenden ein selbstverständliches evolutionäres Programm, mutiert zum Problem.« Die allgemeine Ratlosigkeit ist groß und berührt nahezu jeden Bereich des Lebens – auch das veranschaulicht das Unterhaltungsfernsehen inzwischen praktisch täglich: In den »Vorher-Nachher«-Shows »Einsatz in 4 Wänden« oder »Wohnen nach Wunsch« kann man zum Beispiel einen ungenierten Blick auf eine beklagenswert verödete, deutsche »Wohnkultur« werfen – bis die Wohnfees Tine

Wittler oder Enie van de Meiklokjes die verwaisten Küchen, trostlosen Wohnzimmer und strukturlosen Kinderstuben mit Hilfe ihres Sponsors in knallbunte IKEA-Paradiese verwandeln.

Als modernes »Lifetime-Improvement« wird das alte Ratgeberfernsehen von der Hobbysendung »Mein Feierabend« bis zu Clemens Wilmenrods Küchentipps »Bitte in 10 Minuten zu Tisch« komplett neu aufgelegt; die Fragen sind immer noch dieselben wie zu Wilmenrods Zeiten: Wie man Gäste bewirtet, lernt die »Iglo Fischstäbchen«-Generation nun bei Tim Mälzer in »Schmeckt nicht, gibt's nicht«, den Walzer übt sie jetzt mit Hape Kerkeling in »Let's Dance«, Gemeinschaftssinn mit Günther Jauch in der »Erste Hilfe Show« und gute Manieren beim ZDF in »Gottschalks großer Benimm-Show«.

Offenbar steht die bundesdeutsche Gesellschaft erneut vor einer »Stunde null«: Orientierung tut wieder Not. Aber anders als in der Nachkriegszeit ist der Rückzug ins Private nun nicht mehr möglich. Als »erste Ordnungszelle und Grundlage der Gesellschaft« (Familienminister Wuermeling 1953) ist die Familie vielerorts kaum noch zu gebrauchen. Gemeinsam mit dem Familienministerium entwickelt die »Zeit« den »Familienatlas 2005«, der die Bundesrepublik nach ihrer Familienfreundlichkeit einteilt. Das Ergebnis ist ernüchternd: Halb Nord- und Ostdeutschland sind als Regionen mit »verdeckten Problemen« oder »fehlenden Perspektiven für Familien« kartografiert. Vom zusammengereimtem Lebensmotto der Fernsehfamilie Schölermann – »Das Menschenherz, die Erde schwankt / Die Seele, die Gesellschaft krankt / Nur eins steht fest im Sturm und Graus / Die Familie – das Zuhaus!« – stimmen im neuen Jahrtausend oftmals nur noch die ersten beiden Zeilen.

Eine so bizarre Spielanordnung wie die der Dokusoap-Reihe »Frauentausch« wäre zu Schölermanns Zeiten völlig undenkbar gewesen: Für zehn Tage lassen sich zwei Mütter in eine fremde Familie versetzen, im Gegenzug wird die eigene Brut in dieser Zeit von der jeweils anderen Leihmutter betreut. Am Ende entscheiden die Fernsehzuschauer per Telefonabstimmung darüber, welche Mutter sich besser geschlagen hat; sie darf dann mit ihrer »eigenen« Familie auf Kosten des Senders in Urlaub fahren. Das zehntägige Sozialexperiment ist für die Beteiligten kein Spaziergang, denn »Frauentausch« ist auf einen Clash der Kulturen aus: Da wird eine überzeugte Katholikin in einen ostdeutschen Atheistenhaushalt geschickt, eine Ausländerfeindin zu einer afrikanischen Migrantenfamilie oder eine Muslimin zu einem »Swingerclub«-Pärchen. Denn sobald die Türkin Gül mit dem empörten Ausruf »Ihr habt doch Kinder!« den allzu freizügigen »Swinger«-Vater zu mehr elterlicher Verantwortung ermahnt oder die Afrikanerin Thertulienne im Atheistenhaus den Herrgott an die Wand nagelt, steigt bei RTL II die Quote.

Bald werden auch auf anderen Kanälen Familienmitglieder ausgetauscht wie Module in einer Computersimulation. Das Personal für ihre »Familienspiele« suchen und finden die Fernsehproduzenten nicht nur über Casting-Agenturen, sondern in Internetforen, Familienportalen oder auf der eigenen Sender-Homepage. Unter www.rtl.de heißt es dann zum Beispiel: »Wir sind eine Kölner TV-Produktionsfirma und suchen für einen Beitrag für ›RTL Explosiv-Weekend‹ eine nette Familie mit 3-4 Kindern im Raum NRW (Ihre Kinder sollten älter als 9 Jahre sein). Geplant ist ein ein- bis zweitägiger Familientausch mit einem kinderlosen Pärchen – natürlich bleiben die Eltern in der Nähe. Es gibt ein Honorar.«

Auch für die Teilnahme an der Ratgeberreihe »Die Super Nanny« zahlt die Produktionsfirma Tresor-TV eine Aufwandsentschädigung von 2000 Euro pro Familie. Dafür lassen sich die Mitwirkenden zwei Wochen lang dabei beobachten, wie die Diplompädagogin Katharina Saalfrank mit ihnen an ihren pädagogischen Defiziten arbeitet. Im Kern funktioniert die »Super Nanny« wie eine »Vorher-Nachher«-Show – nur, dass es hier nicht um verwahrloste Wohnungen, sondern um ungezogene Kinder geht. Wenn sie »Monster in Musterkinder« verwandelt, wie es die Presse ausdrückt, sehen ihr dabei regelmäßig fünf bis sechs Millionen Menschen zu. Auch Katharina Saalfrank hat über eine Suchanzeige zum Fernsehen gefunden: »Großer TV-Sender sucht Kindertherapeutin für neues Format« stand da. Die 32-Jährige fuhr zum Casting nach Köln, am nächsten Tag war sie die »Super Nanny«. Die Kinderklinik, in der sie bis dahin als Musiktherapeutin gearbeitet hatte, beurlaubte sie, seitdem reist Katharina Saalfrank, selbst Mutter von vier Kindern, quer durch Deutschland und hilft Problemfamilien in einem rund hundertstündigen Crashkurs aus dem Erziehungsnotstand. Der Ablauf ist immer der gleiche: Die »Super Nanny« zieht für fünf Tage bei einer Familie ein, beobachtet zunächst den Familienalltag und stellt dann ein Regelwerk auf, das auf zwei große Papptafeln passt – eine für die Kinder, eine für die Eltern. Dass auf Saalfranks Elterntafeln auch Selbstverständlichkeiten stehen wie »Eltern müssen sich um ihre Kinder kümmern« oder »Kinder brauchen frische Luft« ist so verstörend wie der Anblick von Vierjährigen, die wutentbrannt ihre eigene Mutter anspucken, treten oder beißen. Zu den zehn Geboten der »Super Nanny« gehört auch die Regel: »Der Tagesablauf muss eingehalten werden.« Denn auf einer dritten Papptafel steht ein Stundenplan, der das häusliche Zusammenleben vom »gemeinsamen Frühstück« bis zum »Vorlesen und Kuscheln« in kleinen Sinneinheiten ordnet; auch dass es täglich drei feste Mahlzeiten gibt, die gemeinsam am Tisch eingenommen werden, ist für Saalfranks Klientel keine Selbstverständlichkeit mehr.

Wenn die neuen Spielregeln besprochen sind – »Sag' nicht ›bitte‹, wenn ihr eine Verabredung getroffen habt«, »Geh in die Knie, damit du mit deinem Kind auf Augenhöhe sprichst«, »Mach klare Ansagen!« –, gibt es für die Eltern nur noch eine Order: Ab sofort konsequent sein – und üben, üben, üben! »Ich mache nichts mit den Kindern, sondern mit den Eltern, die eigentliche Aufgabe haben sie zu bewältigen«, erklärt Katharina Saalfrank im Winter 2004 den vielen Journalisten, die nach den spektakulären Quoten ihrer ersten Sendung auf sie aufmerksam geworden sind. Es gehe darum, »die erlernte Hilflosigkeit zu durchbrechen«. Die Ratlosigkeit zieht sich durch alle sozialen Schichten. Der Eindruck, den die »Super Nanny« hinterlässt, wird von den Soziologen bestätigt: Ein Drittel der Eltern ist mit der Erziehungsaufgabe schlicht überfordert; nicht nur in den »bildungsfernen Elternhäusern« potenzieren sich die Probleme, auch in bürgerlichen Familien diagnostizieren die Pädagogen immer häufiger eine »Wohlstands- und Verwöhnverwahrlosung«: Vor ihrem Fernseher oder Computer vereinsamen Kinder, denen es an nichts fehlt – bis auf eine konsequente erzieherische Hand.

Eine Elterngeneration ist es inzwischen her, dass in Westberlin eine Gruppe von Pädagogikstudenten – viele davon aus der »Kommune 2« – den ersten »antiautoritären Kinderladen« der Bundesrepublik gründete. Das Vorbild der »Kinderladenbewegung« war die englische Privatschule »Summerhill« des Reformpädagogen Alexander Neill, ihr Leitbild eine Erziehung ohne Zwang, Machtausübung und Repression. In kleinen Gruppen sollte sich kindliche Neugier bis zur Zerstörung austoben können, Autorität von Erwachsenen aggressiv infrage gestellt und kindliche Sexualität zwanglos ausgelebt werden. Presseberichte in »Spiegel« und »Stern«, aber vor allem die 45-minütige NDR-Dokumentation »Erziehung zum Ungehorsam« machte die neue Anti-Pädagogik auch außerhalb linker SDS-Zirkel bekannt. Nach dem Ende der Studentenbewegung blieb von der Idee einer sozialistischen Reformpädagogik aber im Bewusstsein der Öffentlichkeit lediglich die vage Vorstellung zurück, dass zu viel Erziehung dem Individuum irgendwie schaden könnte.

Vor allem in der zunehmend verunsicherten bürgerlichen Mittelschicht setzte sich peu à peu eine fatale »Laisser faire«-Pädagogik durch, die Erziehung in letzter Konsequenz als illegitime Maßnahme auffasst. »Aber ohne Regeln geht es nicht«, hält die Diplompädagogin Saalfrank dreißig Jahre später in ihren Interviews dagegen. »Ich spucke Ihnen auch nicht einfach ins Gesicht. Es muss einen Mittelweg geben, und wo der liegt, darüber sind die Eltern verunsichert. Sie haben Angst, zu dem zu stehen, was sie sagen.«

Immerhin fünfzig bis sechzig solcher verängstigter Eltern sind im Herbst 2004 dem ersten Casting-Aufruf von RTL gefolgt und haben sich um das kameraüberwachte Coaching der »Super Nanny« beworben. Zwei pädagogische Fachkräfte nahmen daraufhin die Bewerber unter die Lupe. Wenn ihnen die familiären Probleme zu groß erschienen, wurde das Casting abgebrochen und das Jugendamt verständigt, sonst reiste Saalfrank mit ihrem Köfferchen zum Hausbesuch an: »Was ich dort mache, leistet jede gute Familienberatungsstelle«, betont die Diplompädagogin immer wieder. Die Frage, warum es für viele Eltern leichter ist, bei RTL anzurufen als in den »Gelben Seiten« die örtliche Beratungsstelle rauszusuchen, kann auch sie nicht beantworten. Dass sie viele Familien eindringlich vor deren exzessivem Fernsehkonsum warnt, können die Zuschauer nicht nachvollziehen – Szenen, in denen Katharina Saalfrank derartige Medienschelte übt, werden von RTL regelmäßig herausgeschnitten.

So ist in den Problemfamilien nur selten ein Fernsehgerät zu sehen – und wenn, ist es untypischerweise nicht angestellt. Zum Elterntraining der »Super Nanny« gehören lediglich zwei Videoeinheiten, die sich die Probanden zum Teil gemeinsam mit ihrem Coach ansehen können. Zunächst zieht sich Katharina Saalfrank aber allein mit einem Funkgerät ins Nebenzimmer zurück und flüstert den Eltern ihre

Tipps direkt ins Ohr. Wenn die neuen Standards einigermaßen gelernt sind – also die Kinder verstanden haben, wie die »stille Treppe«, funktioniert und die Eltern begreifen, dass oft nur wenige Minuten der verordneten Ruhe ausreichen, um ihre tobenden Blagen wieder zu freundlichen Zeitgenossen zu machen –, verlässt Saalfrank ihre Wirkungsstätte für eine Woche. Die Kamerateams bleiben vorerst – immerhin ist die »Super Nanny« keine reine Wohltätigkeitsveranstaltung, sondern eine Fernsehsendung – und dokumentieren die Vor- und Rückschritte im familiären Lernverhalten. Zum Abschlussgespräch mit Videobeispielen versammeln sich schließlich alle Beteiligten noch einmal im Wohnzimmer, das dank der »Super Nanny« jetzt oft sauberer, aufgeräumter, strukturierter und in ganz schlimmen Fällen überhaupt zum ersten Mal gemütlich eingerichtet ist. Meist rät Katharina Saalfrank ihren Schützlingen, bei einer der örtlichen Beratungsstellen weiterzumachen.

Gleich nach den ersten beiden Folgen von »Die Super Nanny« ist der »Deutsche Kinderschutzbund« mit einer achtseitigen Stellungnahme an die Öffentlichkeit getreten – und hat dem so skandalisierten neuen TV-Format damit vielleicht die zum Erfolg entscheidende mediale Aufmerksamkeit zuteil werden lassen. Im Kern erheben die Autoren vom »Kinderschutzbund« drei Vorwürfe gegen die Pädagogik der »Super Nanny«:

1. Die Darstellung der hilflosen Eltern und tobenden Kinder sei in besonderer Weise entwürdigend. 2. Die Erziehungsvorstellungen der Eltern seien kein Thema für die »Super Nanny«, ebenso würden die Bedürfnisse der Kinder ignoriert. 3. Bei der Intervention gehe es vorrangig um Gehorsamserziehung, Erziehung werde dadurch auf das Recht des Stärkeren reduziert. »Erziehung«, so der Kinderschutzbund in seinem Fazit, »ist ein komplexes Geschehen mit individueller Ausprägung in der einzelnen Familie. Simplifizierende Lösungen und Rezepte sind keine angemessene

Antwort darauf. Vielmehr brauchen Kinder Liebe, Akzeptanz, Wertschätzung, Beteiligung, eine eigene Meinung, Verständnis, aktives Zuhören u.v.a.m., um sich zu verantwortungsbewussten Mitgliedern und Gestaltern der Gesellschaft von morgen zu entwickeln.«

Tanja Likipede gestaltet schon seit langem gar nichts mehr. Die 26-Jährige versucht nur noch, sich irgendwie einen Weg durch das Chaos ihres Lebens zu bahnen. Die allein erziehende Mutter lebt in Geesthacht bei Hamburg, schon von der simplen Gehorsamserziehung ihrer drei Kinder Tobias (5), Justin (3) und Alina (1) ist sie sichtlich überfordert. Alle drei Kindsväter haben sie im Stich gelassen; vor kurzem ist auch die Beziehung zu einer homosexuellen Frau in die Brüche gegangen. Liebe, Akzeptanz, Verständnis und Wertschätzung für ihre Kinder? Die Nachbarn haben sich bereits mehrfach über das ständige Geschrei beschwert, der Vermieter droht mit Kündigung. Im Frühjahr 2006 beschreibt Tanja der »Super Nanny« mit tonloser Stimme ihre seelische und körperliche Erschöpfung: »Ich habe meinem Großen schon gesagt, dass ich keine Lust mehr habe, weil er so eklig ist.«

Dass die Familienverhältnisse, mit denen die »Super Nanny« konfrontiert wird, von Staffel zu Staffel zerrütteter sind, hatten Kritiker der Sendung bereits früh vorhergesehen. In so krassen Fällen wie bei Tanja Likipede schraubt Katharina Saalfrank die Pädagogik ihres Zweiwochen-Programms noch einmal herunter: Statt einer Auszeit auf dem »stillen Stuhl« zählt sie nur noch: »Eins ... zwei ... drei!« Wenn der renitente Tobias bis dahin nicht gehorcht, sind Zoobesuch und Abenteuerspielplatz gestrichen. Auch ihre Maxime, zunächst in den Alltag ihrer Klienten nicht einzugreifen, hat die »Super Nanny« aufgeben müssen. Angesichts des zuweilen ausgesprochen gewalttätigen Kleinkrieges, den Tobias mit seinen jüngeren Geschwistern anzettelt, käme die Untätigkeit der »Super Nanny« gelegentlich einer »unterlassenen Hilfeleistung« gleich.

In den zurückliegenden zwei Jahren hat die »Super Nanny« Deutschlands Pädagogen in zwei Lager gespalten. Die einen begrüßen, dass das RTL-Format endlich eine breite Debatte über Erziehungskonzepte angestoßen und damit auf ein gesellschaftliches Defizit hingewiesen hat, von dem bisher lediglich der Sachbuchmarkt profitierte: Allein im Startjahr der »Super Nanny« haben verunsicherte Eltern 750 Millionen Euro für Erziehungsbücher und Zeitschriften ausgegeben. Aber auch die Kritiker der »Super Nanny« haben inzwischen reichlich Anschauungsmaterial für ihre Argumentation: Seit die Problemfälle härter werden, nehmen die pädagogischen Hausbesuche von Katharina Saalfrank phasenweise den Charakter einer Horrorshow an. »Die Sendung ist eine Gratwanderung«, räumt Katharina Saalfrank jetzt in Interviews ein. Die »Super Nanny« wäre nicht das erste Reality-Format, das seinen didaktischen Anspruch peu à peu jener bedingungslosen Quotenlogik opfern musste, die eine stetige Steigerung der Reizschwelle fordert.

»We are Family – So lebt Deutschland« kann das nicht passieren. Mit dieser Familienserie hat das Genre nämlich fünfzig Jahre nach »Die Schölermanns – Unsere Nachbarn heute Abend« zu seinem ursprünglichen Unterhaltungsversprechen zurückgefunden: Die täglich bei ProSieben ausgestrahlte Dokureihe will wieder »Menschen wie wir alle« zeigen, die ihre kleinen und großen Krisen ohne viel Aufhebens in den Griff kriegen – wie weiland Mathias Schölermann und seine Frau Trude. Die alte Losung von Familienminister Wuermeling, der Mensch werde letztlich »im umfriedeten Raum der Familie« geformt, kann sich in »We are Family – So lebt Deutschland« unter den neuen Bedingungen noch einmal beweisen: In der bunten Auswahl seiner Fernsehfamilien spiegelt die Serie die Individualisierung der Gesellschaft durchaus wider. Die Spannbreite der Lebensentwürfe reicht vom jungen, stolzen Pärchen mit Baby über die Großfamilie mit vier Generationen bis hin zur Patchworkfamilie. Auch von tragischen Schicksalsschlägen sind diese Fernsehfamilien nicht verschont geblieben: Bachmanns haben ein schwer behindertes Kind, den Mogaths aus Bamberg droht »Hartz IV«, Henriette Reiffels und ihren vier Kindern die Zwangsräumung aus dem Eigenheim. Aber so unterschiedlich die persönlichen Herausforderungen des Lebens auch für jede einzelne dieser Familien sein mögen, so einhellig ist in »We are Family« doch die programmatische Zuversicht: »Gemeinsam werden wir es schaffen!«

Auch Manfred Riedel würde gerne mal wieder etwas »gemeinsam schaffen«. Der Rentner ist 65 Jahre alt und einsam. Er hat sich deshalb bei einer Kölner Castingfirma auf folgendes Internet-Inserat gemeldet:

»Sie möchten Ihre Umgebung für eine Zeit verlassen? Sie brauchen einen Tapetenwechsel verbunden mit neuen Erfahrungen oder möchten kurzzeitig aus Ihrem Alltagstrott ausbrechen und eine aufregende Zeit mit TV-Kameras und Fernsehleuten erleben? Dann sind Sie vielleicht der richtige Kandidat für die neue TV-Serie. Was passiert beim Familientausch? Die Senioren müssen alle häuslichen u. familiären Verpflichtungen in der Tauschfamilie übernehmen. Der Tausch findet für 8 Tage statt. Hohe Aufwandsentschädigung: 2000 Euro !«

Die Ehe von Manfred Riedel ist kinderlos geblieben. Was der gut situierte Pensionär in seinem Berufsleben gemacht hat, erfährt das Publikum nicht. 1941 in Berlin geboren, gehört Riedel jener ersten Nachkriegsgeneration an, die schon im »Forellenhof« durch den aufmüpfigen Klaus, in »Alle meine Tiere« durch den impulsiven Oberprimaner Ulli, bei den »Unverbesserlichen« durch den fidelen Rudi Scholz vertreten war. Auch der Kommunarde Rainer Langhans gehört ja zu diesen frühen 40er-Jahrgängen, die 1968 gegen den »Muff aus tausend Jahren« aufbegehrten und mit ihrer Studentenrevolte die bundesdeutsche Gesellschaft nachhaltig verändert haben.

Aber das alles ist lange her. Heute kümmert sich Riedel in seinem Hamburger Vorort um die Kinder der Nachbarschaft, noch lieber wäre er aber für jemanden der »Opa Manfred«. Das Fernsehen will ihm diesen Wunsch erfüllen. Zwei sehr unterschiedliche Leihfamilien haben sich bei RTL II darum beworben, in Zukunft mit dem Hamburger Pensionär eine Wahlfamilie zu bilden: In Sewekow, einem kleinen Dorf bei Wittstock, lebt die geschiedene Bianka (34) mit ihren drei Kindern Anabel (9), Steve (12) und Rick (15) in einem alten Bauernhaus. Am Stadtrand von Hamburg bewohnt die Patchworkfamilie Maas ein geräumiges Reihenhaus: Der 16-jährige Sohn Kim stammt aus Manuelas erster Ehe, Tochter Tessa (9) ist Franks leibliches Kind; bis zu seinem Tod vor drei Jahren gehörte auch Manuelas Großvater zur Familie, nun soll der »Leihopa« ihn möglichst bruchlos ersetzen. Aber die televisionäre Familienzusammenführung erweist sich als viel schwieriger als erwartet: Untergebracht in einem fensterlosen Souterrainzimmer fühlt sich Manfred Riedel wie abgeschoben, und dass er sein Essen beim Grillfest mit den Nachbarn – vorgeblich eigens zu seiner Begrüßung veranstaltet – wie ein ungebetener Gast allein an einem kleinen Tisch einnehmen musste, gefällt dem wohlerzogenen Senior auch nicht. Wie sich rasch herausstellt, sind die Erwartungen der Familie Maas an die Hilfsbereitschaft des neuen Opas hoch: »Meine Mutter wollte den, glaube ich, für Gartenarbeiten und zum Kochen haben«, verrät Kim später im Interview. Und Mutter Manuela bestätigt, ihr sei es zunächst darum gegangen, »abzuchecken, wozu man ihn benutzen kann«. Tochter Tessa spekuliert zum Beispiel darauf, dass Opa Manfred während seines Gastaufenthalts ihr Kinderzimmer streicht, und Manuela witzelt schon beim Einzug:

»Wenn du gerne bügelst, bist du sofort mein Superfreund«. Aber die Freundschaft will nicht wachsen – erst recht nicht, als Manfred Riedel nach einer ersten, schlaflosen Nacht in der »dunklen Kammer« um ein anderes Zimmer bittet. Dass ihm seine Unterbringung im Keller nicht behagt, kann Manuela gar nicht verstehen – »zumal mein Opa ja auch in diesem Zimmer gewohnt hat, und der hatte damit kein Problem«.

Ein paar hundert Kilometer weiter östlich lebt Bianka Wendt mit ihren drei Kindern in einem Bezirk, den der »Familienatlas« unter der Rubrik »fehlende Perspektiven für Familien« führt. Arbeitslosigkeit, Lehrstellennotstand und mangelnde Freizeitangebote für Kinder bestimmen den gesellschaftlichen Alltag der Region. Auch die gelernte Bauzeichnerin ist seit längerem stellungslos, ihr Ältester Rick hat Schulschwierigkeiten, der zwölfjährige Steve spielt stundenlang Compu-

©RTL II

Emotionale Bindungsbereitschaft: Suche Familie!

terspiele, die erst ab 18 Jahre zugelassen sind. Auf den ersten Blick sind die bescheidenen ostdeutschen Familienverhältnisse, in die Manfred Riedel hier gerät, sehr viel problematischer als in der typisch westdeutschen Mittelschichtsfamilie. Aber während der Rentner sich in Hamburg wie eine billige Arbeitskraft behandelt fühlte, wird er bei den Wendts in dem 200-Seelen-Dorf Sewekow sofort wie ein Familienmitglied willkommen geheißen. Statt eines Grillfestes mit den Nachbarn gibt es hier Kaffee und Kuchen auf der Terrasse. Und statt Handlangerarbeiten im Haushalt erhofft sich Bianka – sie ist selbst ein Scheidungskind – von Opa Manfred vor allem emotionale Bindungsbereitschaft.

Seine Großvater-Rolle geht Manfred Riedel ganz traditionell an: Er fährt mit den Kindern angeln und bastelt ein Vogelhäuschen; mit sanfter Autorität wird er Steve die Gewaltspiele ausreden und Rick wieder für die Schule begeistern. Am Ende der Dreharbeiten, so will es das Reglement, muss sich der 7-Tage-Opa zwischen den beiden Familien entscheiden. Mit Tränen der Rührung in den Augen kehrt Rentner Riedel in »seine« neue Wahlfamilie zurück. »Das wirkliche Erbe, das wir hinterlassen können, ist die Einsicht, dass das, was Familien füreinander tun, für alle getan ist«, schreibt Frank Schirrmacher im Schlusskapitel seines Familienessays »Minimum«. »Unser Glaube an die totale Verfügbarkeit aller Rollen und Stile und Zeiten, unsere stillschweigende, durch das Fernsehen verinnerlichte Überzeugung davon, dass selbst das Schicksal nur ein Programm, nur die freie Wahl des Menschen ist, hat uns vergessen lassen, dass wir mit Elementargewalten spielen.«

In Sewekow sieht man das anders, irgendwie schlichter: Opa Manfred gehört jetzt zur Familie. Das Leben wird fortgesetzt.

Dank

Wer über deutsche Fernsehgeschichte schreibt, kommt an Knut Hickethier und Peter Hoff nicht vorbei; auch ich habe für dieses Buch ihre »Geschichte des deutschen Fernsehens« immer wieder zu Rate gezogen. Michaela Krützen danke ich für den Anstoß zu diesem Buch, Ulrich Prehn für zahlreiche Verbesserungsvorschläge, Matthias Heib für seine Recherche zu »An American Family«, Barbara Dietl für ihre Bereitschaft, sich Woche für Woche als Testleserin zur Verfügung zu stellen. Sie alle sind gute Freunde und haben erheblich zum Gelingen dieses Buches beigetragen. Mein ganz besonderer Dank gilt aber meiner Lebensgefährtin Annabelle, die mir ihre Klugheit, Geduld und Unterstützung schenkte und in den zurückliegenden Monaten klaglos auf sehr viel gemeinsames Leben verzichtete – sich also mehr denn je als Gefährtin erwies.

Hinweis

Der Verlag dankt dem WDR für die Genehmigung, den Titel der gleichnamigen WDR-Serie als Titel für dieses Buch verwenden zu dürfen. Außerdem gilt der Dank des Verlages den Sendern und Produktionsgesellschaften, die die Fotos für dieses Buch zur Verfügung gestellt haben. Zahlreiche Serien sind inzwischen als DVD erhältlich: Dazu zählen »Hesselbachs« (HR Media), »Diese Drombuschs« (Universal Family entertainment), »Die Schwarzwaldklinik« (ZDF Enterprises), »Heimat« (Arthouse Kinowelt Home Entertainment), »Lindenstraße« (GFF Geißendörfer Filmproduktion), »Big Brother« (Endemol Deutschland), »Die Fussbroichs« (Sony BMG Music Entertainment).

Beste Unterhaltung

Klaudia Brunst
Je später der Abend...
Über Talkshows, Stars und uns
Band 5584

Skandale, Provokation und Komik – Talkshows liefern uns täglich Gesprächsstoff. Aufschlussreich und unterhaltsam.

Dieter Grönling
Drin sein ist alles!
Wie das Internet die Welt auf den Kopf stellt
Band 5693

Ob E-Mail oder Chat, man schreibt sich wieder, aber anders. Voller Ironie und Esprit erkundet Dieter Grönling unser Leben auf der Datenautobahn.

Bastian Obermayer / Philipp Schwenke
Das Allerneueste von Knigge
Darf ich Thomas Gottschalk duzen und andere Stilfragen
Band 5740

Alles, was man in Sachen »Benimm« heute wissen muss. Das ideale Geschenk!

Simon Akstinat
»Made in Germany«
Die unglaublichsten und außergewöhnlichsten Exportschlager aus Deutschland
Band 5784

Kommt der Hamburger aus Hamburg oder nicht? Und wie wird ein Mann aus Wuppertal der beliebteste Komiker Polens? War Mexikos Star-Malerin Frida Kahlo eine Pforzheimerin? Ein Feuerwerk verblüffender Funde.

Paula Almqvist
Die Macken der Männer
Von Männern lernen heißt, sich täglich wundern
Band 5716

Alles könnte so einfach sein, wenn Männer nur etwas selbstzweiflerischer wären! Unverzichtbar!

Klaus Werle
Deutschland-Puzzle
20 Teile von ADAC bis Vollkornbrot
Band 5698
Klaus Werle setzt in seinem ironischen Streifzug Stück für Stück das deutsche Alltags-Puzzle zusammen.

Thomas Vilgis
Wissenschaft al dente
Naturwissenschaftliche Wunder in der Küche
Band 5761
Wie viel Physik und Chemie verbergen sich hinter der Küchentür? Neues vom Soundtrack der Kartoffelchips. Kulinarisch lehrreich und äußerst amüsant.

Das schönste deutsche Wort
Liebeserklärungen an die deutsche Sprache
Hg. von Jutta Limbach
Band 5801
In diesem Lesebuch werden die allerschönsten deutschen Wörter vorgestellt – samt ihrer skurrilen, poetischen, originellen Begründungen.

Andrea Naumann
Lass uns drüber reden
Der Alltag, die Neurosen und wir
Band 5758
Wie wäre unser Leben ohne die täglichen Neurosen? Fürchterlich langweilig! Andrea Naumann spießt sie mit gewohnt spitzer Feder wieder auf. Cartoons für Lebenskünstler.

Richard Goodman
Mein Garten in der Provence
Eine Geschichte über Sonne, Arbeit, Tomaten und Zucchini
Band 5760
Für die Franzosen bleibt der New Yorker Autor Richard Goodman ein Fremder. Bis er beginnt, sich um seinen Garten zu kümmern. Ein wunderbares Buch über das Leben in einem kleinen französischen Dorf.